KB234958

디테일을 잡아야
성공이 보인다

디테일을 잡아야 성공이 보인다

작은 변화에서 성공의 기회를 찾는 60가지 이야기

김상민 지음

티움

미국 노스다코타주 북서쪽에 윌리스턴Williston이라는 도시가 있다. 2010년 공식 인구가 1만 4716명이며 1월 평균기온이 영하 19도에 이르는 동토의 땅이다. 윌리스턴 인구는 2012년까지 2년 간 2배 가량 늘어 약 3만 명에 이를 것으로 추정된다.

윌리스턴의 인구가 갑작스럽게 늘고, 경제도 좋아지기 시작하면서 명암도 엇갈린다. 맥도널드 가게 매니저인 번 브렉허스는 매일 100명 가까운 직원 관리에 머리가 아프다. 시급이 11달러인데 석유 관련업은 그 보다 3배 많은 30달러가 넘어, 직원들이 툭하면 그만두기 때문이다. 거주비도 급상승했다. 몇 년 전만 해도 침실 2개짜리 아파트 월세가 300~500달러 이었지만, 이제는 침실 1개짜리가 2000~2500달러까지 올랐다. 2012년 한 해에만 아파트 1000개가 공급됐는데도 부족하다. 어린이집의 경우 시간당 10~12달러 밖에 줄 수가 없어 사람 구하기가 하늘에서 별 따기보다 어렵다.

사람들이 윌리스턴에 몰려든 이유는 셰일오일 덕분이다. 셰일오일은 원유가 생성되는 근원암인 셰일층(유기물을 함유한 암석)에서 뽑아내는 원유를 말하며, 수평굴착 기술의 발달로 최근 새로운 에너지원으로 각광받고 있다. 2011년 현재 전 세계적으로 2조 5700억 배 럴의 셰일오일 및 셰일가스가 있으며 이중 5000억 배럴이 채굴 가 능한 것으로 평가된다. 노스다코타에는 240억 배럴이 매장돼 있는 것으로 이야기 되고 있다.

셰일오일과 셰일가스는 미국 경제를 지탱하는 주요 기반이 되었 다. 미국은 이 덕분에 유가를 낮게 유지할 수 있다. 과거에는 WTI(서 부텍사스산중질유)가 두바이유보다 2달러당 가량 높았는데, 2012년 한 해 동안 가격 추이를 보면 WTI가 배럴당 18~20달러 가량 낮 다. 이처럼 낮은 유가는 자동차에 의존하는 미국인의 생활비를 줄여 주고 기업의 비용을 낮춰 준다. 미국 경제의 경쟁력을 높여준다는 이야기다. 2008년 금융위기 이후 지지부진하던 미국 경제가 점차 회복되면서 수출로 먹고 사는 아시아 국가들의 경제도 좋아졌다.

윌리스턴의 변화는 이처럼 세계 경제와 연결된다. 조그마한 도시 의 모습이 미국 경제의 변화를 단편적으로 보여주고, 이게 연결 고 리를 거쳐 아시아 각국과 이어지는 셈이다.

경제와 경영은 다양한 변수의 연결이자 조합이다. 변수 한두 가지 로 쉽게 설명되기 어렵다는 것. 기자로서 수많은 경제 경영 관련 글 을 쓰면서 늘 조그만 현상을 통해 큰 그림을 보고, 큰 트렌드를 설명 하고자 노력했다.

예컨대 일본 기업들이 줄줄이 경쟁력을 잃어가고 있는 이유로 '영 어 학원의 부도'와 '일본인들의 청결함'을 꼽고 싶었다. 모두 주지 하듯이 세계에서 가장 영어를 못하는 사람으로 한국인과 일본인이 꼽힌다. 일본 청년들도 영어를 배우기 위해 부지런히 학원을 다녔다. 하지만 10여 년 전부터 일본 젊은이들은 외국 진출의 꿈을 접었고 영어 배우기도 등한시했다. 그러다 보니 최근 7~8년 동안 영어 학원들이 줄줄이 문을 닫았다. 자연스럽게 일본 기업은 영어로 무장된 우수한 인력을 구하기 힘들어졌다. 이게 경쟁력 저하로 이어진 게 아닐까 생각된다. 또 일본인들은 목욕을 좋아하고 집안을 청결하게 꾸미는 데 열심이다. 환경이 이렇게 깨끗하다 보니 병에 대한 면역력이 약해졌다는 말이 나오고 있다. 그리고 거주환경이 열악한 후진국에 파견되는 것을 꺼리게 되었고, 이것이 바로 기업 경쟁력의 저하로 이어진 것으로 해석할 수 있다.

베트남의 경우, 대부분의 국민이 똑똑하고 부지런한 것으로 유명하다. 베트남은 사회주의 국가이지만 1986년 공산당 제6차 대회에서 '도이모이(쇄신)'정책을 외치며 경제개발에 나섰다. 하지만 지금까지 크게 도약하지 못하고 있는 상황이다. 이유는 무엇일까? 바로 중국의 존재 때문인 것으로 판단된다. 중국에는 상하이, 광저우, 베이징 등 선진국과 비교해도 손색이 없는 대도시들이 있기도 하지만, 반면 아직도 한국의 1960년대처럼 낙후된 곳도 많다. 그러다 보니 최첨단제품부터 저가제품까지 모든 걸 만들어낸다. 베트남으로서는 수출을 통해 외화를 벌어들여야 하는데 중국이 모든 분야에서 버티고 있으니 발전이 쉽지 않다. 국내 증권사들이 대거 내놓은 베트남 펀드가 신통치 못한 성과를 낸 배경에는 이러한 국가간 역학관계가 있는 것으로 보인다. 한국은 중국이 세계시장에 나오기 전에 의류와 가발 등을 만들어 자본을 축적했다는 점에서 베트남과 비교할 수 없는 행운을 누렸다고 여겨진다.

이 책은 그 동안 매일경제신문 차장과 부장으로 근무하면서 신문과 잡지 등에 연재한 글과 평소 생각하던 바를 묶은 내용으로 구성돼 있다. 평소에 늘 생각과 아이디어를 주고 받았던 매경미디어 가족들이 아니었으면 나올 수 없는 내용이 많므으로 가장 먼저 이들에게 감사의 인사를 전하고 싶다. 책을 통해 보다 많은 사람들이 생각의 지평을 조금이나마 넓힐 수 있었으면 하는 하는 바람이다.

2013년 2월

김상민

I

우리에게 익숙한 아시아 시장에 주목하라

01
한반도는 세계의 중심 아니다

● 1998년 외환위기 당시 '거꾸로 보는 지도'가 인기를 끌었다. 한국이 북한보다 윗쪽으로 나오는 지도가 많은 기업 사무실에 걸렸다. 모두가 어려웠던 시절 '역발상'을 통해 위기를 극복해보자는 취지에서였다. 실제로 '거꾸로 지도'는 발상의 전환이라는 상징성뿐만 아니라 나름 실용성도 갖췄다. 고속도로의 하행선을 안내하는 데 제격이었기 때문이다. 지도제작업체인 동아지도는 당시 3개월 동안의 작업을 거쳐 '거꾸로 전국지도'를 완성했고 이를 판매해 경영위기를 극복하기도 했다.

세계 각 나라의 크기를 실물 그대로 보려면 지구를 공처럼 표현한 지구본을 봐야한다. 지구본은 남북의 축을 23.5도로 기울여 자유롭게 회전할 수 있도록 한 게 특징이다. '거꾸로 지도'가 인구에 회자될 때 지구본 거꾸로 보기도 나름 인기를 끌었다. 북극과 남극을 바꿔보니 세상이 참 달라보였던 기억이 새롭다.

'거꾸로 지도'와 '거꾸로 지구본'이 관심을 끌 때에도 달라지지 않은 게 하나 있었다. 바로 세상의 중심에 대한민국을 뒀다는 사실이다. 지구본에서 한국을 중심에 놓고 보면 오른쪽으로 일본이 조그맣게 붙어있고 나머지는 온통 바다다. 1억 6525만 제곱킬로미터에 달하는 태평양이다. 태평양은 전 세계 바다의 46%를 차지하고 지구면적의 3분의 1에 해당하며 지구 육지면적보다 더 넓다. 한국의 왼쪽으로 중국이 대부분을 차지하고 나머지 나라들은 조그맣게 보인다. 지도상으로 한국을 중심에 놓으면 갈 곳이 참 많지 않아 보인다.

이같은 대한민국 중심적인 사고가 한국인만의 현상은 아니다. 세계 대부분의 나라가 지구를 그릴 때 자기 나라를 중심에 둔다. 터키 같은 나라는 이런 지도를 그릴 때 자부심을 느낀다고 한다. 아시아를 오른쪽에 유럽을 좌측 상단에, 아프리카를 좌측 하단에 두게 되는 데 온통 육지만 눈에 띄기 때문이다. 3대륙이 만나는 지점에 위치한 터키는 과거 3대륙에 걸쳐 대제국을 건설했던 오스만투르크의 역사를 배우면서 세계 중심으로 도약해 '투르크의 영광을 재현'하겠다는 포부를 키운다.

자국 중심적 사고를 얘기할 때 터키와 앙숙 지간인 그리스를 빼놓을 수 없다. 찬란한 문명을 구축한 고대 그리스인들도 그리스를 지구 중심으로 생각했다. 옴파로스omphalos가 그것인데 이는 라틴어로 '배꼽, 세계의 중심'이라는 의미를 지녔다. 그리스신화에 등장하는 '대지의 배꼽(옴파로스)'이라는 유물은 아테네에서 북서쪽으로 170

킬로미터 떨어진 델포이시의 아폴로 신전 지하실에 있었다.

아메리카 대륙의 멕시코 어린이들은 세계를 그릴 때 멕시코를 가운데 두고 그린다고 한다. 왼쪽으로 태평양이, 오른쪽으로 대서양이 나오는 식이다. 그러다보니 세계 인구의 62%가 사는 가장 큰 대륙 아시아는 나타나지 않는다. 그밖에 평생 한가지 언어(영어)만 갖고 산다는 미국인, 자국 문화 이외에는 모두 이적夷狄이라고 천시했던 중화사상의 중국인, 신으로부터 선택받은 민족이라고 자부하는 유대인 등도 자기 중심적 사고의 대표적 사례로 꼽힌다. 자민족중심주의ethnocentrism의 한계를 보인다는 얘기다.

사람들는 자기 중심적 사고 이외에 자신이 본 것만 믿는 경향이 있다. 베트남 북부의 어린이들은 강을 그릴 때 붉은 계통의 물감을 많이 사용한다. 파란 강물은 그들의 머릿속에 없다. 하노이를 감싸고 도는 홍강(일명 송코이강)의 색깔이 철분 함유로 인해 적갈색을 띠기 때문이다. 호주의 어린이들은 산을 그리라고 하면 대부분 편평하게 표현하는 데, 이는 호주 대륙 자체에 높은 산이 거의 없어 어린이들이 늘 지평선이 보이는 끝없는 대지를 접하고 생활하기 때문이다. 산을 뾰족하게 그리는 한국 어린이들과 참 대조적이다.

역사적으로 볼 때 많은 국가들은 밖으로 나갈 때 번영을 누렸다. 해상왕 장보고를 영웅으로 치는 것도 그가 한반도를 벗어나 한국과 중국을 연결하는 항로를 만들었기 때문이다. 크리스토퍼 콜럼버스는 '지구는 둥글다.'는 허황된 믿음을 깨고 아메리카 대륙을 발견, 결국 유럽 사회가 크나큰 비약을 하는 일등공신으로 우뚝 섰다.

　한국은 오랫동안 외부 지향적이 아니었다. 좁은 반도 안에서 살다 보니 사회기반시설도 없고 산업도 발전하지 않아 20세기 들어 일본에 침탈당하는 비극을 겪는다. 내부 지향적인 조선시대의 실상을 보여주는 사례가 워낙 많은 데 이중 조운선을 들 수 있다. 당시 수도인 한양에서 필요한 곡식중 많은 양은 곡창지대인 삼남지방에서 왔는데, 이들은 뱃사공이 노를 젓는 배에 실려 운송됐다. 크지 않은 조운선은 풍랑에 취약해 대부분 육지에 바짝 붙어 운항했다. 그러다가 센 바람을 만나거나 암초를 만나 좌초되는 경우도 많았다. 안면도 샛별해수욕장 끝자락에 '쌀썩은여'라는 이름이 붙은 지역이 있다. 안면도 인근에서 침몰된 조운선의 쌀이 밀물에 떠밀려와 쌓여서 붙여진 지명이다. 백성들의 피땀어린 쌀이 허술한 배로 인해 바다에 수장된 안타까운 사연을 담고 있다.

　한국은 경제 발전의 원동력을 외부에서 얻었다. 독일로 간 광부와 간호사, 중동으로 간 건설역군 등이 산업 한국을 일으킨 주인공이다. 그들이 국내에 안주했다면 지금처럼 경제가 발전할 수 있었을까? 수출의 GDP(국내총생산) 기여도가 50%가 넘는 한국에서는 모든 눈을 해외에 맞춰야 한다. 한국이 세계의 중심이라고 주장하며 한국이 50년후에는 세계 중심국가가 된다는 역술인이나 풍수가들의 말은 솔깃하긴 하지만 신빙성은 없다. 국내 기업의 역사를 보더라도 창업 이후 줄곧 해외로 나갔던 기업들은 흥했고, 내수에만 집착한 기업들은 갈수록 쪼그라들었다.

02
진정한 한류의 선구자는?

● '대우는 왜?'라는 제목의 책이 있다. 부제는 '가장 먼저 가장 멀리 해외로 나간 사람들의 이야기'이다. 대우그룹의 최고 경영자와 임원 33명이 집필에 참여했다. 대우는 '수출 한국'의 신화를 앞장서 만들었다가 외환위기의 삭풍이 몰아치던 1999년 해체됐다. 책을 보면 열정 하나만으로 지구촌을 누볐던 대우맨들의 감동과 웃음과 눈물의 스토리가 하나하나 에피소드로 정리돼, 21세기를 사는 우리에게 많은 시사점을 던져준다. 주요 에피소드를 소개하면 다음과 같다.

김우중 회장이 리비아 사막의 건설현장에 모습을 드러냈다. 새벽 1시였다. 모두 깜짝 놀랐다. 김회장은 "근로자들이 고생이 많다고 해서 보고 싶어 왔어요. 모래바람 때문에 늦

었네요."라고 얘기했다. 길도 분명치 않은 사막을 달려온 거
리는 500킬로미터. 직원들과 일일이 악수를 한 김회장이 현
장소장에게 한 말은 지금도 잊지 못한다. "(저녁을 못 먹었으니)
나… 밥좀 주세요."라고 했던 것. 김 회장은 식은 밥과 김치
등으로 서둘러 식사를 했다. 곧이어 아침 비행기로 영국에 가
야한다며 바로 사막길로 사라졌다.(이경훈 전 (주)대우 회장)

"사장님, 테러리스트 전화예요. 돈을 금방 지불하지 않으
면 회사를 박살내고 사장님 잡아간대요." 여직원이 전해준
메시지였다. 납치산업이 아예 전통산업으로 자리잡고 있는
페루에서 게릴라집단의 이 같은 협박은 흔하다. 하지만 한창
잘나가던 판매를 도중에 그만둘 수는 없는 일. 나를 언론에
노출시키고 마케팅을 계속했다.(김문현 전 대우자동차 해외판매
법인 대표)

파키스탄의 M2고속도로 수주 때다. 세금 때문에 10억 달러
프로젝트의 협상이 지지부진했다. 그룹에서 마지막 승부수를
던졌다. 김우중 회장 이름으로 "회담을 중단하고 귀국하라."
는 명령을 내린 것. 파키스탄측에서 깜짝 놀라 (대우 외에는 다
른 대안이 없었으므로) "대우건설의 뜻을 따르겠다."고 연락해왔
다. (장영수 전 대우건설 사장)

책에 소개된 내용처럼 그들은 늘 개척자였다. 세계를 운동장 삼아 뛰어다녔다. 스스로 표현했듯이 대우는 남들이 가지 않은 오지를 먼저 갔다. 그들이 자리를 잡고 있으면 삼성, LG, 현대가 들어왔다. 지금 세계를 무대로 뛰는 한국 기업들은 이 부분에서 대우에게 늘 감사의 마음을 가져야한다고 본다.

몸과 마음을 다 바친 그들의 흔적은 대우그룹이 해체된 지 10년이 훨씬 지났는 데도 여전히 남아있다. 2011년 '아시안하이웨이' 취재차 베트남, 미얀마, 파키스탄 등을 들렀을 때 많은 현지인들이 대우를 기억했다. 호텔에 예약할 때 '코리아'라면 잘 몰라도 '대우'라고 하면 알아듣고 할인도 해줬다. 대우의 간접적인 혜택을 입은 셈이다.

한류 열풍이 뜨겁다. 싸이의 '강남스타일'은 공전의 히트를 기록했고, 싸이는 월드 스타로 우뚝섰다. 하지만 지금의 한류는 피상적인 측면이 강하다. 문화 콘텐츠 수출의 대부분은 게임이며, 한류하면 춤추고 노래하는 걸그룹이나 드라마 정도가 연상된다. 싸이라는 예외가 있기는 하지만 실제로 한류가 주로 퍼진 지역도 문화적 공통성이 있는 일본 중국 동남아 등이 대부분이다. 이슬람과 힌두교 문화권인 인도 파키스탄 이란 등에서는 아직 존재감이 미미하다.

하지만 대우가 심은 한류는 달랐다. 그들은 현지인과 부대끼면서 땀과 눈물을 심었다. 가는 곳마다 한국의 혼과 이미지를 새겼다. 대우의 주재원들중 상당수는 현지에서 한상으로 변신, 여전히 수출 한국의 선봉장으로 기여하고 있다.

옛 대우맨들이 2012년 3월 22일 저녁 서울 AW컨벤션센터에서 대우 창립 45주년 기념식을 가졌다. 김우중 회장도 참석했다. 모두 세월은 거스를 수 없어 하얗게 머리가 셌지만, 열정과 패기를 담은 눈빛은 형형했다. 김 회장은 회한에 젖은 듯 천장을 보며 상념에 잠기기도 했다.

'대우는 왜?'라는 책에 보면 장병주 전 (주)대우 사장(대우세계경영연구회 회장)의 머릿말이 있다.

대우 사람들은 비행기 추락사고에 늘 민감한 반응을 보였다. 해외 각지에서 비행기 사고가 터질 때마다 사상자 명단에 대우 임직원이 포함되곤 했기 때문이다. 그래서 우리는 공식 행사 때마다 순직한 산업전사들에 대해 경건한 묵념의 시간을 갖곤 했다. 먼저 간 그들에게 늘 부끄럽고 미안할 뿐이다.

대우그룹은 이제 사라졌지만 대우맨들은 실패자가 아닌 미래의 선구자였다. 온 몸을 던져 수출 한국을 일군 그들의 혼과 열정이 한국의 기업인들과 젊은이들에게 오랫동안 기억되고 각인되었으면 싶다.

03
아세안 10 브라더스

● **아시아는** 사람이 가장 많이 사는 대륙이다. 2012년 70억 명을 돌파한 세계 인구 중 60%가 아시아를 삶의 터전으로 삼고 있다. 자그마치 42억명 이상이라는 숫자가 나온다. 인구는 곧 경제와 연결되고 기업 경영과 밀접한 관계가 있다. 사람이 많아야 경제가 활성화되고 기업도 이윤 창출의 기회를 찾을 수 있기 때문이다. 예컨대 가난한 나라의 대명사인 방글라데시에서 가장 큰 통신회사의 고객 숫자는 3000만 명이 넘는다. 인구가 1억 6000만 명이나 되니 고객 숫자도 많을 수 밖에 없다. 그런 측면에서 아시아는 '기회의 땅'이다.

아시아가 기회의 땅이라는 얘기는 한국의 수출통계를 봐도 쉽게 알 수 있다. 지식경제부가 발표한 2012년 상반기 수출통계를 보면 최대 수출시장은 중국이다. 전체 중 23.2%를 차지해 타의 추종을 불허한다. 중국이 아무리 싫어도 한국 기업이 중국 시장을 절대 포기할 수 없는 이유가 바로 여기에 있다. 중국을 포기하면 갈 곳이 마땅치 않다.

흥미로운 사실은 한국에 두 번째로 큰 수출시장이 '아세안 10개국'이라는 점이다. 전체 수출에서 차지하는 비중이 13.9%나 돼 3위인 미국(11.22%)과 4위인 유럽연합(9.3%)을 훨씬 앞지르고 있다. 인도네시아, 베트남, 태국 등으로 구성된 동남아 10개국이 수출시장에서 2위를 차지한 것은 2011년이 처음이다.

2010년까지만 해도 EU에 아슬아슬하게 밀려 3위 수출시장이었지만 2011년에는 시장이 더 성장한 것이다. 전통적으로 한국의 주요 수출 대상국이던 일본은 '잃어버린 20년' 동안 시장이 위축되면서 전체 수출에서 차지하는 비중이 7.0%에 불과했다.

한국의 수출 가운데 아시아 전체(중동 포함)가 차지하는 비중도 63.1%로 전년 동기대비 0.8%포인트나 높아졌다. 수입에서는 아시아 비중이 67.5%나 된다. 중동에서 원유가 대거 수입되고 있는 까닭이다.

한국이 자랑하는 최대 뉴스는 '무역 1조달러 달성'인데, 그 뒷면에는 이렇듯 아시아의 급부상이 자리 잡고 있다. 한국이 미국과 유럽의 재정·금융 위기로부터 상대적으로 크게 타격을 받지 않고 버틸 수 있던 것도 이처럼 아시아에 대한 의존도가 높아진 결과로 보인다. 아시아의 많은 국가들도 역내 교역이 많아지다 보니 과거보다는 세계적인 경기 위축에 따른 타격을 덜 받고 있다.

개인적으로 매일경제신문이 2011년 기획한 '아시안하이웨이 대장정'의 팀장을 맡아 중국부터 베트남, 캄보디아, 태국, 미얀마, 방글라데시, 인도, 파키스탄, 이란, 터키 등 10개국을 자동차로 90여 일간 직접 돌아보는 기회를 가졌다.

그 결과 대부분의 나라가 맹렬히 발전하고 변화하고 있는 것을 느낄 수 있었다. 특히 인도, 파키스탄(1억 8000만 명), 방글라데시(1억 6000만 명) 등으로 구성된 남아시아는 전체 인구가 16억 명에 육박할 정도로 컸다. 아직 국민소득이 1000달러 내외인 후진국이지만, 그만큼 미래에 뻗어나갈 가능성은 큰 곳이라는 얘기다.

하지만 한국인들 인식은 아직 아시아로 이동하지 못하고 있다. 미국, 유럽, 일본 등 뉴스에는 민감한 반면, 아시아 지역의 변화에는 둔감하다. 예컨대 파키스탄 하면 '테러', 이란 하면 '핵 개발' 등의 뉴스만 접하므로 매우 위험한 나라라고 지레 짐작한다.

아예 가려고도 하지 않고, 그 나라 사람들이 한국으로 오면 위험한 사람으로 인식하고 기피하려고 한다. 하지만 그곳을 가보면 따뜻하고 친절한 사람들도 많고, 나름 여유 있게 살아가는 사람들도 많다. 그런데 선입관에 얽매여 그런 것을 알아보려고도 하지 않는 것이다.

특히 드넓은 그 곳의 대지를 보노라면 우리가 좁은 땅 한국에서 얼마나 좁은 시각으로 세상을 살아가는 지 느끼게 된다. 인도의 동부 콜카타에서 서쪽 국경 끝자락인 암릿차르까지 거리는 2000킬로미터가 넘는데, 가다보면 산이 아예 보이지 않는다. 끝없이 이어지는 평원의 연속으로, 그 규모에 놀라움을 금할 수 없다.

　세계에서 밀을 가장 많이 생산하는 나라가 어디인지 물어보면, 대부분 미국이라고 답한다. 미국이 밀을 수출하는 대국인 탓이다. 그러나 유엔식량농업기구FAO에 따르면 2009년 기준 세계 최대의 밀 생산국은 중국으로 무려 1억1495만톤에 이른다. 2위는 인도로 8068만톤이다. 3위와 4위는 러시아와 미국인데 6000만톤 내외로 비슷하다. 세계 1, 2위의 밀 생산국이 아시아에 있는 셈이다.

　아시아의 국가들은 그 크기도 엄청나다. 잘 알려진 중국과 인도는 예외로 치자. 남한의 면적(10만제곱킬로미터)과 비교하면 미얀마는 6.7배, 파키스탄은 7.6배, 이란은 16.8배, 터키는 7.8배에 이른다.

　한국은 대외 무역으로 사는 나라다. 국내총생산에서 수출의 기여도가 50%를 넘는다. 경기가 좋지 않을수록 무작정 위축된 시각으로 미래를 볼 게 아니라, 눈을 넓게 뜨고 새로운 국가나 시장으로 눈길을 돌려보는 노력이 필요할 듯 하다. 남들이 가지 않는 길에는 그만큼 많은 기회가 기다리고 있기 때문이다.

04
중국 최고 지도자의 충고

● **코트라가** 한국의 최대 수출시장인 중국에 대해 흥미로운 분석을 내놨다. 중국 경제가 가라앉는 분위기속에 수출이 감소하고 있지만 자세히 들여다보면 기회 요소가 많다는 것. △첨단제품은 살아남고 △분유나 커피 등 식품산업이 성장하고 있으며 △패션 화장품 귀금속과 뷰티산업은 불황을 모르고 △소득 증가로 중대형 차량의 수요도 늘고 있다는 얘기다.

그렇다면 '평생 영토를 모두 밟지 못하고, 음식을 모두 맛보지 못하며, 문자를 모두 배우지 못한다.'는 중국을 우리는 어느 정도 이해하고 있을까?

2~3년전 최고지도자 시진핑이 한국 정치인의 충칭 방문에 한 마디 했다. "흔히 중국을 방문하면 베이징과 상하이만 들렀다가 돌아간다. 그래서는 중국 전체를 깊이 이해할 수 없다. (충칭을 찾은 것은)

전략적 안목이 있는 것이다.”

중국은 ‘급작스럽게 결정을 내리는 나라’라는 표현이 있다. 그만큼 제대로 이해하기 어렵다. 일단 정치가 온통 비밀투성이다. 후진타오에서 시진핑으로 최고지도자 얼굴이 바뀌었는데, 그 속내용을 적나라하게 하는 이가 드물다. 상무위원으로 등장한 인물들에 대한 각종 평가가 나오지만 누구의 지원을 받아 어떻게 올랐는 지 속시원한 해설이 나온 적이 없다. 중국의 운명을 결정짓는 정치가 이렇다 보니 경제 정책도 헷갈리기만 하다. 법치 위에 당치黨治가 있는 상황이라 예측 가능성이 떨어진다. 특히 자본주의 발달의 기본 조건인 사유재산권 보호가 아직도 미약한 측면이 강하다.

예컨대 중국의 한 기업인이 철강 프로젝트를 세웠다. 경제성장으로 건설경기가 계속 좋아지면 철강수요가 많아질 것이고, 효율성 측면에서 경쟁관계인 국영기업을 이길 자신이 있었다. 프로젝트가 시작된 지 1년 후 그는 체포됐고 5년간 옥살이를 한 후 가택연금까지 당했다. 나중에 그에게 붙여진 죄목은 가벼운 탈세였다. 그렇다면 그의 진짜 죄목은 무엇이었을까? 국영기업과 겨룰만한 대규모 프로젝트에 손을 대면서 공산당 수뇌부의 허락을 받지 않았다는 게 그 이유였다. 한국식으로 표현하면 ‘괘씸죄’에 걸린 셈이다. 대부분의 기업인들은 이를 통해 ‘모든 길은 공산당으로 통한다.’는 교훈을 다시 한번 되새기게 됐다.

중국에서는 인터넷 검열이 심하다. 이러한 검열은 매번 이뤄지지 않는다. 어느날 느닷없이 전혀 생각지 못한 사안에 검열이 들어오고, 재수없는 네티즌이나 기업은 철퇴를 맞는다. 그러다보니 모두들 '당국이 모든 걸 감시하고 있구나.'라는 생각을 하게 된다.

중국 공산당의 역할에 대해서는 천윈陳雲이 잘 정리했다. 덩샤오 핑의 오랜 친구였던 그는 마오쩌뚱 사망 이후 막후에서 중국 정계를 좌지우지한 8명의 혁명원로 가운데, 덩샤오핑 다음으로 영향력이 컸다. 공산당 보수파의 대부이기도 했으며, 당내 최고의 경제이론가라는 평가를 받았다. 그는 1995년 사망했는 데 그의 죽음으로 장쩌민 등 제3세대 지도자들이 자신들의 권력 기반을 확실히 할 수 있었다.

천윈은 '새장鳥籠 경제론'을 주창했다. 중국 경제를 새장에 비유한 것. 사회주의 계획경제는 새장 속의 새처럼 국가의 통제와 계획의 틀 속에서 성장해야 하며, 새장 문을 너무 많이 열면(지나치게 개방하면) 새가 날아가고 말 것이라는 논리였다. 장쩌민은 아예 "기업인은 사기 치고, 횡령하며, 뇌물을 주고, 탈세하는 자영업자와 장사치일 뿐이다."며 기업인에 대한 인식을 보여줬다. 부실덩어리로 평가받는 국영기업은 여전히 당의 명령을 따라야한다. 당에서 별다른 설명 없이 경영진을 갈아 치우거나 승진시킬 때면, 모든 힘이 공산당에 집중돼 있음을 한층 되새기게 된다.

권위주의적 성장모델의 중국은 발전에서도 덩샤오핑의 선부론先富論을 따랐다. 이는 능력있는 사람이 먼저 부자가 되라는 논리로, 지역적으로는 대외무역이 쉬운 동남연해를 개발한 뒤 내륙지역으로 개발훈기를 불어넣겠다는 전략이었다. 실제로 중국 경제는 선부론에 따라 발전했다. 하지만 그 와중에 지역간 불균형이 회복 불능일 정도로 악화된 측면도 많다. 중국성시연감(2009년)에 따르면 개발이 가장 빠른 도시는 1선 도시로 불리는 데 상하이 베이징 광조우가 여기에 해당한다. 2선 도시는 충칭 텐진 선양 난징 우한 창사 등 17개, 3선 도시는 시안 바오딩 다퉁 등 98개로 나타났다. 4선과 5선 도시는 가장 개발이 늦은 169개를 아우르는 표현이다.

이처럼 도시간 격차가 크다 보니 중국의 성과 시별로 특성이 매우 다르다. 전체를 합쳐서 나온 평균 수치는 허수로서 의미가 없다는 것. 중국국가통계국은 2011년 중국의 1인당 GDP가 5432달러라고 발표한 바 있다. 하지만 지역별로 2만 달러가 넘는 곳도 있는 반면, 1000달러가 안되는 곳도 즐비하다. 그러다보니 지역별로 공략법이 전혀 달라야한다고 얘기한다.

한 한국업체는 중국을 다음처럼 표현했다.

> 중국은 불균형 발전의 대표적인 나라지요. 서울이나 뉴욕처럼 발전한 대도시도 있고, 여전히 한국의 1960~70년데 수준인 중소도시도 있어요. 선발 도시에서 이미 한물간 제품도 뒤처진 도시에서는 큰 인기를 끌 수 있지요.

역시 '천의 얼굴'을 지닌 대국답다.

05

인구 6억 명 시장에 대한 G2의 구애

● **세계** 경제를 둘러보면 국가간 연합기구가 다양하게
존재한다. 예컨대 유럽연합은 동일한 통화인 유로를 쓰면서 마치 한
나라인 것처럼 움직인다. 북미, 중남미, 아프리카 등에도 국가간 협
력기구들이 있다. 이러한 협력기구 가운데 한국에게 친숙한 이름이
동남아시아국가연합 즉 아세안ASEAN이다.

아세안의 설립 시기는 1967년 8월 8일로 '동남아시아 지역의 경
제적, 사회적 기반 확립'을 목적으로 하고 있다. 설립당시 회원국은
필리핀, 말레이시아, 인도네시아, 싱가포르, 태국 등 5개국이었으나,
브루나이(1984년)와 베트남(1995년)에 이어 라오스, 미얀마, 캄보디
아 등이 참여하면서 10개국으로 늘었다. 사무국은 인도네시아 자카
르타에 위치해 있다.

아세안은 과거 정치적인 측면과 지정학적인 측면에서 중요했다. 인도차이나 반도라는 명칭에서 나타나듯이 예전부터 중국과 인도가 서로 세력을 뻗쳤던 곳이고, 현대에 와서는 대륙의 중국과 해양의 미국이 맞부딪히기도 했다. 지정학적으로 말래카해협은 중동의 석유가 중국, 일본, 한국으로 이동하는 통로가 되기도 했다.

아세안의 중요성은 이제 경제적 측면에서 더욱 커졌다. 한국의 제2교역상대이자 2대 건설 수주시장이 바로 '아세안'이다.

2011년 기준으로 보면 아세안은 중국에 이어 제2의 교역상대(1249억 달러)이며, 미국에 이어 제2의 해외투자 지역(61억 달러)이고, 중동 다음가는 2대 건설 수주시장(128억 달러)이다. 실제 한국 수출입 물동량의 30%, 원유 수입량의 60~70%가 아세안 지역(말라카 해역)을 통과한다. 아세안 국가 사람들 가운데 한국을 찾는 숫자는 연간 300만 명에 이른다.

일단 아세안은 인구가 무려 6억 명에 이르는 거대 시장이다. 2012년을 강타한 유럽발 금융위기에도 불구하고 성장잠재력이 있는 몇 안 되는 블루오션으로 평가받고 있다. 그러다 보니 아세안을 두고 경쟁을 벌이는 G2 국가 즉 미국과 중국이 구애求愛경쟁을 열렬히 벌이고 있다.

미국은 최초로 아세안 대표부를 세웠다. 중국은 이에 뒤질세라 2012년 8월 아세안 대표부를 설치하며 자국 인력을 30명이나 파견했다. 불황에 힘들어 하지만 그래도 경제대국인 일본도 재빨리 대표부를 만들었다.

한국은 이러한 흐름속에서 2012년 10월 29일 아세안 사무국이 있는 인도네시아 자카르타 시내에 아세안대표부 사무소를 열었다. 개별 대표부로는 4번째다.

백성택 초대 대사는 "아세안대표부 개설은 정부의 신아시아 외교 정책의 결정체다. 아세안대표부가 서울에 있는 한-아세안센터와 함께 한국과 아세안 간 협력의 양대 축 역할을 할 것이다. 아세안은 역내 다양한 협의체를 운영하고 2015년 경제 통합을 위한 논의도 활발히 진행하고 있다. 우리나라도 아세안대표부를 통해 이런 협의체와 논의에 직접 참여해 국익 확보 노력을 기울일 것."이라고 강조했다.

물론 아세안의 미래가 낙관적인 것만은 아니다. 회원국 간 개발 격차가 커 이해관계가 서로 다르다. 10개 나라가 모이는 국제회의만도 연간 수백 차례이다 보니 통합성과가 더디게 난다는 지적도 있다. 2015년 출범 목표인 아세안 경제공동체만 하더라도 1년 늦어질 것이란 전망이 있다. 아세안 경제공동체는 물자와 자금, 인력이 자유롭게 오가는 공동시장, 경제통화 동맹 등을 염두에 둔 'FTA 플러스(+)'의 개념이다..

이처럼 여러 어려움에도 불구하고 아세안에는 희망이 훨씬 많다. 인구도 많고 자원도 풍부하기 때문이다. 삼성전자의 경우 베트남에 거대한 휴대폰 생산기지를 두고 있으며, 동부나 롯데 등 많은 국내 기업들이 아세안에서 제2의 창업을 준비하고 있다. 싱가포르와 같은 고소득 선진국도 있는 반면 미얀마나 라오스 등 1인당 국민소득이 1000달러도 되지 않는 국가가 공존하는 아세안. 한국에게 이 지역의 가치는 해가 갈수록 커질 수 밖에 없을 것이다

천변만화의 대륙, 인도

● **인도에는** 12억 명이 산다. 중국에 이어 2대 인구 대국이다. 당연히 시장이 클 수 밖에 없고, 다국적 기업의 관심도 뜨겁다. 그렇지만 사회가 '언어, 종교, 카스트'라는 3대 요인에 의해 얽히고 설켜 있는 것처럼 시장도 복잡해 한 마디로 정의하기 어렵다. 예컨대 한 글로벌 TV 제조업체는 TV에 대한 수요가 급격히 늘자 기대감을 갖고 진출했다가, 1년 만에 8대 판매라는 대망신을 당하고 쫓겨나다시피 철수해야 했다.

인도를 가장 잘 표현한 인물은 초대 총리인 자와힐랄 네루. 그는 "인도는 수많은 모순이 질기지만 보이지 않는 실처럼 얽혀 있다."고 표현했다. '기능하는 무정부 상태'라는 반어법적인 표현도 즐겨 사용된다.

그렇다면 신흥시장인 인도는 어떻게 접근해야 할까. 한 컨설팅업체 인사는 다음과 같이 조언했다.

> 신흥시장을 마치 하나의 시장처럼 생각하면 안된다. 지역별로 계층별로 완전히 다른 소비자 특성을 이해하지 못하면 신흥시장에 열린 기회를 절대 잡지 못한다. 인도와 중국의 국내총생산이 얼마이고 성장률이 몇 퍼센트인지부터 따지지 마라. 그들이 어떤 사람인지부터 알아보라.

인도는 28개 주와 7개의 연방 직할지역으로 나뉜다. 언어만 22개 이상, 종교는 6개 이상, 완전히 다른 음식 문화만 5개가 공존한다. 지역별로 옷을 입는 방식도 다르다. 하나의 국가라고 보기 힘든 셈이다. 시장을 완벽히 세분화해 분석하고 각 기업이 자신이 어떤 소비자층을 공략할지 확고하게 정하고 들어가야 한다는 설명이다. 지역별로 규제와 법률이 각기 다른 만큼 직업 성별 세대를 모두 정확하게 분석하는 게 필수다.

외래문화에 대한 수용성도 지역별로 차이가 난다. 인도의 지리적 현황을 보면 북쪽은 히말라야산맥, 서북쪽은 높은 산지와 사막, 동북쪽은 밀림 등으로 둘러싸여 있다. 고립된 지형이다보니 독특한 사회와 문화를 발전시켰다. 힌두교, 불교, 시크교의 발상지이자, 명상의 나라이며 구루의 나라가 된 것도 지형과 관련이 있다.

히말라야에서 발원하는 갠지스 강이 평원으로 흐르는 지점에 하리드와르라는 도시가 있는 데 그 뜻이 '신의 문'이다. 인도인들은 히

말라야에는 신이 살고 평원에는 사람이 산다고 생각한 것이다. 이슬람은 공공연히 평등사회를 지향하지만, 인도 무슬림사회에는 칸단khandan 혹은 자뜨Jat라는 하위 집단이 있다. 특히 외부에서 이주한 무슬림(아쉬라프 Ashraf)와 힌두교에서 개종한 무슬림(아즈라프Ajlaf) 사이에 차별이 존재한다.

이렇게 전통에 물든 인도의 문을 연 것은 서구 세력이다. 이들이 배를 타고 도착한 곳이 고얀나, 뭄바이 등 남서해안이다. 이들 지역에 사는 사람들은 그만큼 개방에 먼저 눈을 떴다. 머리에 터번을 두르는 시크교도(편잡 주에 많이 거주)도 개방적이다. 반면 동북부(벵갈과 비하르 지역)으로 가까워질수록 전통 관습을 지키며 옛 사고를 갖고 생활한다. 벵갈 인근에서는 지금도 공산당 이념을 신봉하는 사람들이 많고, 1977년부터 33년간 서벵갈 주를 다스리기도 했다.

그래서인지 한국 기업의 진출도 북부 수도인 델리, 서부 상업과 무역 중심지인 뭄바이, 남부의 첸나이 중심으로 이뤄지고 있다. 코트라 무역관도 이들 3곳에 나가 있다. 2011년 동부를 대표하는 콜카타에 들렀을 때 한국 기업은 물론 한국 식당도 찾을 수 없었다.

인도의 특징중 다른 하나는 제조업의 기반은 약한 반면 IT산업 가운데 소프트웨어만 극히 발달했다는 점이다. 하드웨어 부문은 여전히 취약해 지방에 가면 인터넷 사용이 매우 힘들다.

여기에 빈부 격차가 매우 크다. 특히 일자리를 적고 인구는 워낙 많아 경제가 아무리 성장하더라도 어마어마한 빈곤층은 그대로 남을 것으로 예상되고 있다. 그런데도 워낙 인구가 많아서인지 중산층의 규모는 크다. 현지 '이코노믹타임즈'와 컨설팅 회사인 프라이스워터하우스쿠퍼스PwC의 조사에 따르면 연소득 20만 루피(약 500만 원) 이상 100만 루피(약 2500만 원) 이하 중산층은 2010년 기준 1억 5300만 명에 달한다. 이 숫자는 2020년 4억 명으로 증가할 전망이다.

실제로 인도 경제에 다국적 기업들이 군침을 흘리는 것은 이처럼 많은 중산층 때문이다. 문제는 소비자들이 소득 증가에 따라 욕구가 달라진다는 것. 실제로 소득 수준이 1000달러 정도일 때에는 소비자들의 목소리가 별로 크지 않지만, 4000~5000달러를 넘어서는 순간부터 소비자들의 '존중받고 싶은 욕구'는 높아진다는 게 전문가들의 분석이다.

이런저런 통계를 보면 인도는 매우 매력적이다. 하지만 보면 볼수록 신비롭고 이해하기 임들어 '놀랍고 경이로운 인도'라는 뜻을 담은 그들의 관광 표어 '인크레더블 인디아Incredible India'가 참 잘 어울린다는 생각이 든다.

07
실크로드의 5개 자원 강국

● **중앙아시아는** 우리에게 '실크로드(비단길)'로 알려져 있다. 메마른 대지에 군데 군데 들어선 도시를 따라 상인들이 비단으로 대표되는 각종 상품을 실어 날랐다. 대상무역과 사업 교통으로서 중요성을 인식한 유목 민족들, 즉 흉노, 유연, 돌궐 등은 이 지역에 영향력을 끼치면서 교통 및 통상 보호세를 징수했다.

유목민은 역사의 흐름 속에서 부침을 거듭했고, 그들이 사는 땅도 여러 나라로 재탄생했다. 현대에 들어서 중앙아시아 동쪽은 중국 땅이 되었는데, 신장웨이우얼 자치구가 여기에 해당한다. 중앙아시아 서쪽은 러시아 세력권으로 편입돼 1917년 이후 5개 자치공화국이 들어섰다. 1990년 소련이 붕괴된 후 5개 자치공화국은 우즈베키스탄, 카자흐스탄, 투르크메니스탄, 타지키스탄, 키르키즈스탄은 5개 나라로 재탄생했다. 여기서 스탄stan이란 땅land이나 영토state를 뜻하는 접미사로서 고대 언어에서 비롯됐다.

중앙아시아는 온통 유목민만 있는 땅으로 인식돼왔다. 하지만 시르다리야 강, 아무다리야 강, 제라프샨 강으로 흐르는 물을 이용한 관개농업이 발전하여 거대한 평원을 이루기도 한다.

중앙아시아 대표적인 국가는 우즈베키스탄이다. 기온이 40도까지 치솟는 우즈베키스탄(우즈벡)의 여름은 두가지 색깔로 나뉜다. 녹색과 황토색이다. 물길이 닿는 지역은 푸르름을 자랑한다. 물의 혜택에서 제외되면 곧바로 황무지가 된다.

2012년 8월 우즈벡의 동쪽 끝자락에 위치한 수도 타시켄트에서 52인승 프로펠러 비행기에 몸을 싣고 1시간여만에 국토 중앙에 위치한 나보이를 간 적이 있다. 낮게 뜬 비행기에서 밖을 내다보니 타시켄트~사카르칸드~나보이를 잇는 지대로 녹색 띠게 길게 펼쳐져 있었다. 관개수로를 이용해 농사를 짓는 땅이다.

실제로 나보이~사마르칸드~타시켄트를 잇는 도로를 6시간에 걸쳐 달려봤다. 왕복 4차선의 포장도로 주변으로 목화밭이 연이어 나타나고 옥수수밭과 과수원이 보인다. 풀밭에는 소떼들이 거닌다. 농업대국인 우즈벡을 설명해주는 풍광이다.

수도인 타시켄트의 초르수chorsu 시장. 사람들이 붐비는 가운데 감자 양파 배추 등 각종 농산물을 파는 가게들이 즐비하다. 살구, 호두, 포도 등 말린 과일을 파는 상인들은 고객을 유인하느라 바쁘다. 시장 외곽에서는 멜론과 수박을 파는 행상들도 눈에 띄는 데 어른 머리크기만한 멜론이 한국 돈으로 2000원 정도다.

중앙아시아의 중심인 우즈베키스탄의 면적은 44만 7400제곱킬로미터. 한반도의 2배 크기로 2012년 말 인구는 3000만 명이다. 2011년 기준 1인당 GDP는 3288달러. 농림업 비중이 전체의 20.6%를 차지할 만큼 높고, 제조업은 상대적으로 취약하다. 수출품은 면화 금 가스 농산물 자동차 등이고, 기계장비 식료품 화학제품 등을 수입한다.

우즈벡이 주목받는 것은 천연자원의 보고인데다 지정학적인 중요성 때문이다. 이종섭 KOTRA 타시켄트 무역관장은 "우즈벡은 자체 인구도 중앙아시아에서 가장 많은데다 배후에 인근 중앙아시아 국가뿐 아니라 러시아, 우크라이나 등 CIS(독립국가연합)을 두고 있어 개발잠재력이 엄청나다. 특히 우즈벡의 우수한 인적자원과 풍부한 천연자원, 우즈벡 정부의 개발 의지와 개방정책 등을 감안할 때 미래가 밝은 나라다."고 평가했다.

우즈벡의 천연자원을 보면 천연가스(확인매장량 1.58조 세제곱미터), 원유(확인매장량 6억 배럴), 금(매장량 세계 5위) 들이 대표적이다. 아랄해 남쪽의 수르길 가스전의 경우 사업비만 40억 달러 규모인데 한국가스공사, 호남석유화학, STX에너지 등 3개 회사로 이뤄진 한국컨소시엄이 참여하고 있다. 2012년 4월까지 우즈벡에 설립된 한국계 법인은 172개이며 누적 투자액도 5억 9000만 달러(중국 러시아에 이어 3위)에 이른다.

흥미로운 사실은 우즈벡이 가장 많은 상품을 수입하는 나라가 한국이라는 점. 우즈벡은 전통적으로 러시아와 교역이 가장 활발해 2011년의 경우 러시아에서 22억 8200만 달러어치를 수입했다. 한국은 14억 8500만 달러로 2위. 그러던게 2012년 1분기의 경우 한국으로부터의 수입액이 5억 6500만 달러로 가장 많았다. 현지에서 만난 우미드씨(34)는 "한국제품이라면 품질좋고 오래 쓸 수 있다는 인식이 퍼져 있어요. 중국제는 조금 싼데 얼마 못가서 고장이 나 꺼려하는 편이지요. 다만 외환 반출이 쉽지 않아 마음대로 사올 수 없다는 게 아쉬울 뿐입니다."고 설명했다.

한국과 우즈벡간의 관계도 매우 좋다. 1991년 우즈벡이 독립한 이후 지금까지 통치해오고 있는 이슬람 카리모프 대통령은 2012년까지 7차례 한국을 찾았다. 한국에서도 김영삼, 노무현 전대통령이 한 차례씩, 이명박 전대통령이 두 차례 우즈벡을 찾았다.

우즈벡은 잠재성이 큰 나라지만 아직 넘어야할 산도 많은 게 현실이다. 예컨대 우즈벡 경제에서는 농업의 비중이 큰데 특히 면화 의존도가 높다. 대우인터내셔널의 경우 생산된 원면을 면사로 가공해 수출하고 있다. 다만 염색과 봉제 등 면화의 후가공 공정이 취약해 부가가치를 많이 창출하지 못하는 게 아쉬운 점이다. 다른 제조업 기반도 약하다.

경제시스템이 투명하지 못한 것도 개선해야할 부분이다. 우즈벡에서 무역이나 호텔 체류비 등은 공식환율에 의해 이뤄지러지는 데 달러당 1909숨(cym, 우즈벡 화폐단위) 수준이다. 반면 암달러 시장에서는 달러당 2850숨 정도 된다. 결국 달러로 결제하면 암달러시장에서 현지 통화로 바꾼 후 현지통화로 결제하는 것에 비해 50% 가량 더 내는 꼴이 된다는 얘기다.

여기에 정부의 규제도 들쭉날쭉이다. 최근 러시아 통신회사인

MTC라는 업체가 하루 아침에 불법영업 행위로 영업정지를 당했다. 그 결과 850만명 가량 되는 MTC 고객들은 전화기 변경에 나서야했고, 통신대란이 일어나면서 연락이 두절되는 사례가 빈번해졌다. 또 우즈벡에서는 거주지 등록이라는 제도가 있는데 외국인이 하루라도 이 규정을 위반하면 4000달러의 벌금을 물게 돼 있다.

우즈벡 외에 인근 국가는 어떨까?

카자흐스탄은 중앙아시아 맹주 자리를 놓고 우즈베키스탄과 다툰다. 일단 국토 면적이 271만 4900제곱킬로미터로 세계 9위의 면적을 자랑한다. 인구는 1752만 명. 땅은 넓고 인구는 적은 데 천연자원은 풍부하다 보니 1인당 국민소득이 1만 1000달러를 넘는다. 중앙아시아의 나머지 4개국을 합친 것보다 경제규모가 더 크다.

카자흐스탄의 주요 수출품목은 석유 및 석유제품, 철금속, 기계류, 석탄, 육류 등이다. 예전 수도였던 알마티는 지금도 중앙아시아에서 가장 번성하는 도시로 명성이 자자하다.

그밖에 투크크메니스탄은 석유와 천연가스가 풍부하다. 타지키스탄과 키르키즈스탄은 산악 국가로서 수자원은 풍부하지만 경제적으로 특별히 내세울만 한 것은 없는 게 현실이다.

그렇다면 중앙아시아의 미래는 어떻게 봐야 할까? 천연자원의 땅이기는 하지만 인구가 많지 않아 시장성이 낮다. 5개국을 다 합쳐봐야 6500만 명 정도에 불과하다. 특히 5개국 모두 내륙국가로서 바닷길이 없다는 게 약점이다. 개발의 가능성은 무궁무진하지만 갈 길이 먼 나라가 중앙아시아라는 게 정확한 진단이라고나 할까…

창조와 상상력의 두바이

● **두바이는** 삼성이 완성한 세계 최고 높이의 '부르즈 칼리파', 야자수 모양으로 해변가에 만들어진 '팜 주메이라', 바다 가운데 세계 지도를 본떠 만들어진 '더 월드', 7성급 호텔로 불리는 '부르즈 알 아랍(아랍의 탑)호텔' 등으로 유명하다. 각종 뉴스를 통해, 여행객의 입을 통해 많이 알려졌다.

하지만 두바이의 진면목을 보려면 두바이의 지리적 여건을 이해하고, 궁극적으로 두바이에 몰려온 돈의 성격을 파악해야 한다. 그렇게 해야 한적한 어촌과 메마른 사막에 불과하던 두바이가 어떻게 순식간에 중동의 허브Hub로 발돋음했는 지, 어떻게 2008년 경제 쇼크를 극복했는 지 알 수 있다.

첫째, 지리적 여건을 보자. 두바이는 아랍에미레이츠연합UAE의 일원이다. UAE는 자치 성격을 띤 7개 토후국Emirates으로 이뤄진 나라다. 1971년에 영국 보호령으로 있던 아부다비를 비롯하여, 두바이, 샤쟈, 라스알카아머, 아즈만, 푸자이라, 움알콰인 등이 UAE 일원이 됐다. 독립 당시 카타르와 바레인은 따로 떨어져 나갔다. UAE의 면적은 7만 7700제곱킬로미터로 그 중 85%가 아부다비 땅이고 석유도 대부분 아부다비 땅에서 나온다. 외교와 국방기능만 한 개의 나라로 기능할 뿐 행정조직은 완전히 자치주의로 되어 있다.

그래서 두바이의 셰이크 모하메드 빈 라시드 알 막툼(막툼 가문 라시드의 아들인 모하메드 지도자라는 뜻)은 UAE의 수상이면서 동시에 두바이 통치자로 불린다. 종교는 이슬람으로서 수니파가 약 80%인데 힌두교 사원과 교회, 성당 등도 있다. 인구는 약 500만 명으로 추산되는 데 20% 정도가 자국민이고 나머지는 모두 외국인이다. 인도 파키스탄, 방글라데시, 필리핀 사람들이 많고, 수단, 이집트, 레바논, 팔레스타인, 이란, 시리아 사람들도 적지 않다. 유럽인도 약 5% 가량 된다고 하는 데 인구 구성만 보면 두바이 모든 경제는 외국인에 의해 돌아간다고 해도 과언이 아닐 정도다.

두바이를 방문할 때 처음 만나게 되는 '두바이 국제공항'은 뛰어난 입지조건을 갖추고 있다. 비행기를 띄우면 미국이나 남미 등 어느 대륙까지 중간 기착을 하지 않고 바로 갈 수 있다. 가장 넓은 태평양을 건너지 않아도 되기 때문이다. 서울에서 두바이로 갈 때는 10시간, 서울로 올 때는 8시간 30분 가량 걸린다. 런던까지는 8시간, 아프리카 남단인 케이프타운(남아프리카공화국)까지는 10시간이 소요된다. 북미 대륙의 뉴욕은 14시간, 샌프란시스토와 로스앤젤레스는 16시간의 비행으로 도달한다. 남미의 사웅파울루(브라질)는 15시간이 걸린다. 토론토와도 노선이 개설돼 있으며, 향후 밴쿠버(캐나다)와 부에노스아이레스(아르헨티나)로도 하늘 길이 열릴 예정이다. 오스트레일리아의 시드니는 15시간, 멜버른은 14시간40분 걸려 직항으로 갈 수 있다. 다만 뉴질랜드 정도가 너무 멀어 중간 기착이 필요한 상황이다.

두바이는 이처럼 유리한 지리적 여건을 활용하기 위해 1985년 에미레이츠항공을 창설했다. 이 항공사는 가장 빠르게 성장하는 항공사 가운데 하나다. 리비아의 건설현장에서 일했던 한 건설업체 인사는 "1989년 리비아를 들어갈 때 아부다비 공항에 중간 기착했다가 출발했어요. 그 때 두바이는 이름도 없었지요. 그런데 20년도 지나지 않아 모두 두바이 두바이 하면서 아부다비 얘기는 잘 꺼내지도 않더라구요."라고 말했다(사실 두바이는 과거에 바로 옆에 붙어 있는 토후국 샤자Sharjah 보다도 더 가난했다고 한다).

둘째, 두바이로 몰려드는 돈의 성격이다. 과거 중동에서 상업, 금융의 중심지는 레바논이었다. 하지만 레바논에 내전이 일어나면서 GCC(걸프협력기구. 사우디아라비아, UAE, 쿠웨이트, 카타르, 오만, 바레인) 국가에 사는 부자들의 자금 도피처가 될 곳이 필요했다. 이란, 인도, 파키스탄, 레바논의 거부들도 자금을 맡기고 운용할 곳을 찾았다. 특히 사우디 사람들은 9.11테러 이후 미국에 돈을 맡길 때 아랍식의 이름만으로도 자신의 모든 것이 노출된 것만 같은 느낌을 받는다. 두바이는 독일 영국 호주인에게 강력한 '세금 도피처tax haven'의 기능을 한다. 케이만군도나 버진아일랜드, 라부안 등에 페이퍼컴퍼니를 차리면 일단 자국 세무당국에서 세금포탈의 신호signal로 잡히고, 운용비용이 들어간다. 반면에 두바이는 법인세 개인소득세 상속증여세 부가세 등 4가지 중요한 세금이 없다. 특히 두바이에 사업체를 두면 시장과 사람이 있으므로 '세금 도피가 아니라 사업을 하는 것'으로 인식된다. 세금 포탈이라는 '주홍글씨'가 새겨질 여지가 적다는 뜻이다.

러시아의 경우 달러를 아예 현금으로 갖고 온다. 여기서 예금을 하고, 채권을 사고, 부동산을 사들인 후 돈 세탁을 하고 호텔에서 엔터테인먼트까지 즐긴다.

이란의 경우 자본주의를 싫어한다. 그래서 사업을 하는 사람들이 두바이로 오는 데 기업체인 다막DAMAC의 경우 이란 계열이다. 해외에 거주하는 인도인들도 피부색 차별이 없는 이 곳으로 오며, 실제 법인 등록건수로만 볼 때 사업체 오너들의 60~70%는 인도, 파키스탄 계열로 간주된다. 최근 경제 재건노력을 펼치는 이라크에 진출하는 기업들이 많은데, 이들 업체는 대부분의 후선 업무를 두바이에서 처리한다.

영국은 식민지 통치의 경험이 있지만 실제로 현지인과 큰 차별이 없고, 외국인 부동산 소유가 금지되기 이전에도 현지인을 통해 투자해왔다(셰이크 모하메드와 왕세자인 함단의 경우 모두 영국 군사학교 출신이다).

결론적으로 두바이의 생존은 '사람과 돈'에 의해 좌우된다. 사람이 얼마나 오고, 돈이 얼마나 흘러 들어오느냐에 따라 도시의 흥망성쇠가 달라지고 도시 크기도 좌우된다. 그러한 측면에서 두바이를 볼 때는 지정학적 여건, 도시의 개발 규모, 돈의 성격 등을 명확히 파악해서 접근하는 게 필요하다.

실제로 두바이는 지나치게 급성장을 추구했다가 2008년 금융위기 여파로 추락했다. 한때 '재기불능'이라고 외치는 사람들도 있었다. 하지만 그후 3년여가 지나면서 2012년 현재 두바이는 여전히 중동의 허브 역할을 하고 있다.

2011년 중동 민주화사태 당시 관광객과 물동량이 두바이로 대거 몰렸다. 두바이는 80년대 이란-이라크 전쟁, 90년대 걸프전쟁, 2000년대 이라크 전쟁 때 모두 수혜를 입었다. 정치적 소요 없이 안정된 정책을 펼치니 사람과 돈이 오는 것이다. 거기에 엄청난 오일머니를 자랑하는 아부다비가 든든히 옆에서 버텨주고 있기도 하다.

경제 쇼크를 이겨낸 두바이를 보면서 생각할만한 구절이 있다. 에머슨의 '국가는 자살에 의하지 않고는 결코 쇠망하지 않는다.'는 명언이 그것이다.

09
코카서스 석유 자원을 놓고 벌이는 열강들의 다툼

● **이란과** 터키의 국경인 바자르간에 가면 만년설이 덮인 높은 산을 만나게 된다. 터키의 최고봉으로 성경에 나온 '노아의 방주'가 닿았다는 아라랏산(5165미터)이다. 만년설이 덮여 있는 아라랏산의 서쪽이 터키이며, 북동쪽이 코카서스다.

코카서스는 최고급 요리인 철갑상어알이 생산되는 카스피해와 러시아에서 지중해로 통하는 관문 흑해의 사이에 위치한다. 세계 3대 장수지역으로 꼽힌다. 백인 특히 유럽계 백인들은 스스로 코카서스 인종이라고 한다. 이는 인종의 우월성을 내세우려는 독일의 자연주의자 J. F. 블루벤바흐의 1795년 저서 '인류의 자연적 종류에 대해'에서 유래한다.

코카서스 인종, 나는 그 명칭을 코카서스 산맥에서 채택했

　다. 이유는 코카서스의 남사면 지역이 가장 아름다운 인종을 산출했고 이 곳의 어딘가에서 인류 최초의 발상지를 밝혀낼 가능성이 크기 때문이다.

　이러한 코카서스는 다양한 인종과 국가, 석유자원과 더불어 세계 열강의 이해관계가 첨예하게 부딪히는 곳이다. 골짜기 하나를 사이에 두고 종교와 언어가 다를 정도이며 부족수만도 200여 개가 넘는다. 카프카즈의 남쪽에는 조지아, 아제르바이잔, 아르메니아 3개 독립국이 있고 북쪽 경사면에는 러시아에 속하는 체체, 잉구슈, 다게스탄 등이 있다. 투르크어 계통으로 이슬람권인 아제르바이잔과 인도유럽어족이며 기독교권인 아르메니아는 원수 지간으로 틈만 나면 전쟁을 벌이고 있으며, 러시아에 속한 체첸은 반군활동과 테러로 유명하다.

　세계 3대 유전지대 중 하나인 이 지역에는 석유자원이 풍부하다. 페르시아만과 시베리아와 함께 추정 매장량이 최대 2000억 배럴에 이르는 석유와 600조 세제곱미터의 천연가스가 묻혀 있다. 그런 탓인지 코카서스 석유를 둘러싼 열강들의 다툼은 역사적으로도 오래됐다. 히틀러가 독·소 불가침조약을 깨고 소련 진군을 감행한 것도 석유 때문이다. 러시아가 독립을 원하는 체첸을 무력 진압하고 체첸인들이 테러로 저항하는 것도 석유 때문이다. 체첸 내에 위치한 그로즈니에서는 1년에 300만 톤의 석유가 생산되며, 카스피해 유전에서 흑해로 나가는 송유관의 연결 통로이기도 하다.

당초 카스피해의 송유관은 바쿠(아제르바이잔)-트빌리시(그루지야)-수프사(그루지야)노선, 바쿠-그로지니(체첸)-노보르시스크(러시아)노선, 카자흐스탄-노보르시스크 노선 등 3개가 있다. 여기에 러시아 영토를 거치지 않는 세계 최장의 바쿠-트빌리시-세이한(터키, 지중해 연안) 송유관(1776km)이 2006년 5월 개통되기도 했다.

경제가 발전할수록 필요 원자재는 많아지고 자원대국의 발언권과 영향력은 점점 커지게 된다. 중국 일본 등이 자원 확보에 열을 올리는 것도 이 때문이다. 카프카즈(코카서스) 지역은 자원의 보고이자, 세계 석유 가스시장에 미치는 영향이 매우 크다는 측면에서 늘 주목해야 할 곳이다.

코카서스에 못지않게 지정학적 중요성을 갖는 곳이 터키다. 터키는 20세기 초까지 오스만 투르크라는 이름으로 아시아 아프리카 유럽을 아우르는 대제국의 위용을 뽐냈다. 제1차 세계대전 당시 경제·외교·군사적으로 밀접한 독일쪽으로 줄을 섰다가 한마디로 쪽박을 찼다. 풍전등화의 위기에서 케말 아타튀르크의 노력으로 독립국가로서 지위는 유지했으나 세계 역사의 주류에서 탈락하면서 귀퉁이로 내몰렸다.

하지만 터키는 21세기 들어 승승장구하는 국가 중 하나다. 브릭스에 이어 새롭게 떠오르는 나라 6개국을 시베츠CIVETS라고 하는 데 그 중 대표적인 나라가 터키다. 터키는 2011년 말 기준으로 7500만 명의 인구를 자랑하는 데, 35세 미만의 젊은 층이 63%를 차지한다. 두터운 젊은 층은 제조업의 기반이자 견고한 소비층이 되어 경제성장을 뒷받친다.

78만 제곱킬로미터의 넓은 국토를 자랑하는 터키의 1인당 GDP(2011년 기준)는 1만 600달러. 특히 이스탄불과 이즈미트 등 아시아와 유럽의 가교 역할을 하며 터키 경제의 핵심인 마르마라 지역은 1인당 GDP가 2만 달러에 육박한다.

이러한 터키에도 2001년 경제 위기를 겪었다. 하지만 강력한 인플레 억제정책과 구조조정으로 회생에 성공했다. 2004년 말 당시 환율이 달러당 160만 리라였으나, 2005년 화폐개혁(리디노미네이션)을 통해 '0'을 6개나 떨어내며 달러당 1.6리라로 바꿨다(화폐 개혁을 하지 못해 달러당 1000원이 넘는 환율을 갖고 있는 한국에 귀감이 될만 하다).

한국인들의 터키에 대한 지식은 지극히 얕다. 6.25 당시 참전국이고, 2002년 월드컵 때 3, 4위전에서 경기를 펼쳤으며, 관광자원이 매우 풍부한 나라 정도 인식한다. 하지만 세계 지도를 펼쳐 놓고 터키를 보면 우리의 시야가 얼마나 좁은 지 알수 있다. 한국은 아시아의 동쪽 끝자락에 간신히 붙어 있는 반면, 터키는 아시아 유럽 아프리카를 아우르는 중심지로서 위용을 뽐낸다. 좁은 시야를 지닌 한국인들만 잘 모를 뿐이다.

10

신흥경제국의 높은 변동성에 투자하라

● 신조어新造語는 대체로 신선하게 다가온다. 시대의 변화에 맞춰 새로운 대상으로 표현하기 위해 만들어지기 때문이다. 이렇게 만들어진 언어가 사람들의 입에 오르내리면 새로운 단어로서 생명력을 갖게 된다.

21세기 들어 세계경제의 성장을 이끌 나라들을 지칭하는 신조어가 여러 개 생겼다. 브릭스BRICs 시베츠CIVETS 넥스트일레븐N-11 믹트MIKT 마빈스MAVINS 비스타VISTA 등이 대표적이다. 금융회사나 경제연구소 등이 만든 게 대부분으로 일부는 강력한 생명력을 갖고 있다.

대표적인 단어는 브라질, 러시아, 인도, 중국을 지칭하는 브릭스BRICs로, 2001년 골드만삭스가 처음 만들었다. 4개국을 합치면 세계인구의 40%인 28억 명을 넘고, 풍부한 지하자원을 더해 경제대국으로 성장할 수 있는 요인을 두루 갖추고 있다. 2003년 이들 국가의 주식이나 채권에 집중 투자하는 '브릭스 펀드'도 등장했다. 2011년 남아프리카공화국이 더해지면서 브릭스BRICS로 의미가 확대됐다.

시베츠CIVETS는 영국 시사주간지 이코노미스트의 경제조사기관인 EIU가 사용한 용어로 콜롬비아, 인도네시아, 베트남, 이집트, 터키, 남아프리카공화국 등 6개국이 여기에 해당한다. 평균 연령이 27세 내외의 젊은 국가라는 게 최대 강점으로 10년간 가장 높은 경제성장률이 예상되고 있다.

넥스트 일레븐N-11은 성장잠재력과 투자 전망이 좋은 나라다. 2005년 골드만삭스가 설정한 개념으로 한국, 멕시코, 베트남, 이란, 이집트, 터키, 인도네시아, 필리핀, 파키스탄, 방글라데시, 나이지리아가 포함돼 있다. 특히 인구가 많은 게 특징으로 이중 한국(5000만 명)이 가장 적다.

믹트MIKT는 짐 오닐 골드만삭스 자산운용회장이 2010년 12월 투자보고서에서 언급한 국가로 'N-11' 가운데 세계 경제의 성장을 이끌 4개국 즉 멕시코, 인도네시아, 한국, 터키를 일컫는다.

마빈스MAVINS는 높은 인구증가율과 자원부국이라는 공통점을 지녀 미래 전망이 밝은 6개 신흥시장을 말한다. 미국 경제매체인 비즈니스 인사이더가 선정한 나라로 멕시코, 호주, 베트남, 인도네시아, 나이지리아, 남아프리카공화국을 얘기한다.

비스타VISTA는 일본 브릭스 경제연구소의 가도쿠라 대표가 정립한 개념으로 베트남, 인도네시아, 남아프리카공화국, 터키, 아르헨티나 등 5개국의 첫글자를 조합했다.

21세기 세계경제를 이끈다는 신흥국들은 유망한 투자처로 꼽힌다. 미국, 유럽, 일본 등 선진국은 물론 한국까지 저금리 기조를 이어가자 아직도 금리가 높은 이들 국가가 투자가들의 눈길을 사로잡고 있는 것. 특히 해외 채권형 펀드에는 2012년에만 3조 원 가량이 몰렸다. 이러한 해외채권펀드는 연 7~8%의 금리를 목표로 신흥국의 국채가 주요 대상이다. 이들 국채는 투기 등급의 회사채에도 투자하는 하이일드펀드보다는 안전하다는 평가를 받는다.

그렇다면 신흥국 국채는 과연 안전할까? 과거 역사를 보면 결코 안심할 대상은 아니다. 소버린 위기sovereign crisis 즉 국가 정부나 공적기관의 채무상환 위기는 신흥국에서 수차례 발생했다. 1960년 이후 소버린 부도 유형을 분석해보면 채권부도가 38건, 예금동결이 27건, 모라토리엄(국가부도)이 18건이었다. 한국이 외환위기를 겪은 1997년 이후만 봐도 채권부도가 17건, 예금동결이 8건, 국가부도가 2건에 이른다.

1995년 이후 신흥국 소버린 위기를 국가별로 보면 아르헨티나(2001~2002년), 인도네시아(1998, 2000, 2002년), 러시아(1998~1999년), 터키(1999년), 우크라이나(1998, 2000년) 등이 있다. 시스템적인 은행위기를 겪은 나라로는 브라질(1994~1995년), 중국(1998년), 콜롬비아(1998), 멕시코(1995년) 등 헤아리기조차 힘들 정도다.

이들 국가중 '수출 한국'의 주요 시장인 중국, 인도, 인도네시아, 베트남 등만 놓고 봐도 결코 경제전망이 밝지 않다.

중국은 유럽재정위기 등으로 성장에 브레이크가 걸리자 2012년 들어 지급준비율을 올리고, 금리를 인하하는 등 통화정책을 완화하는 방향으로 정책을 추진했다. 경기부양책도 지속적으로 쓰고 있지만 어떻게 움직이든 중국 경제가 고성장을 하기 힘들다는 것은 분명해 보인다.

인도는 기초체력(펀더멘털)의 약화와 무역적자 문제로 갈팡질팡이다. 인도의 2011 회계년도(2011년4월~2012년3월) 재정수입은 7조 7000억 루피인 반면 지출은 13조 2000억 루피였다. 재정적자가 5조 루피를 넘는다. 특히 정부지출의 큰 부분은 △이자지불(2조 8000억 루피) △국방비 지출(1조 8000억 루피) △보조금(2조 2000억 루피) 등이 차지한다. 그러다보니 투자에 돈을 쓸 여지가 별로 없다.

인구가 2억 5000만 명에 이르는 인도네시아는 그동안 높은 성장률과 물가안정으로 '신흥시장의 대표주자'로 자리매김했다. 하지만 글로벌 경기침체로 주요 수출품인 원자재 가격이 떨어졌고, 외국인 투자도 줄어들고 있는 것. 인도네시아 10대 수출품목중 9개가 원자재다.

베트남은 2012년 1분기에 4% 경제성장률을 기록, 2009년 이후 분기별 최저치를 보였다. 그러자 베트남 중앙은행은 경기부양을 위해 3월부터 4개월 연속으로 매달 기준금리를 1%포인트 내렸다. 문제는 여러 정책에도 불구하고 베트남의 가장 큰 문제인 '악성부채'가 해결될 기미를 보이지 않는다는 점. 베트남의 총 대출에서 악성부채가 차지하는 비율은 2011년말 6%에서 2012년 6월 기준 10%

로 높아졌다. 베트남 전체 생산의 40%를 담당하는 국영기업의 경우 총 부채 145조동 가운데 20~30%는 갚을 형편이 아닌 것으로 나타나고 있다.

선진 경제와 후진 경제는 여러가지 측면에서 차이가 난다. 복지, 국민의식, 인구구조 등… 하지만 무엇보다 큰 차이는 '변동성fluctuation'이다.

선진국은 안정적으로 경제가 돌아가는 반면, 후진국은 대내외 변수에 따라 변덕이 심하다. 신흥국에 진출한 기업들이 현지 상황이 좋지 않다고 안달을 내는 '조급증'을 가져서는 곤란하다는 의미다. 그런 측면에서 이들 나라에 진출할 때는 최소한 10년, 20년의 미래를 보는 자세로 접근해야 한다. 변동성을 잘 예측하면 큰 수익을 올릴 수 있다.

다만 어떤 국가는 '중진국의 함정(경제가 일정 수준에 도달한 후 성장이 멈추는 단계)'에 빠질 수 있으므로 이를 잘 살피는 필요하다. 실제로 넥스트일레븐 국가중 5~6개국(파키스탄, 방글라데시, 나이지리아, 필리핀, 이집트 등)은 여러 가지 정치 경제변수를 고려할 때 향후 10년 내에 크게 도약할 가능성이 낮다는 점을 부인하기 어려워 보인다.

11
상상력에는 한계가 없다

● **터키**, 이란, 아프가니스탄, 파키스탄. 아시아 서쪽에 위치한 이들 나라는 기원전 334년 동방원정에 나선 알렉산더가 차례로 거친 국가들이다.

이들 국가를 달려보면 먼저 황당하다는 느낌부터 든다. 파키스탄의 펀자브 평원은 몇 시간을 달려도 평탄하다. 이란의 수도 테헤란에서 터키 국경으로 가는 길은 황량하기만 하다. 멀리 눈 덮인 산맥이 끝없이 이어지는 가운데 산에는 나무 한 그루 보이지 않는다. 터키에서는 영하 20도까지 내려가는 강추위에 시달려야 한다. 중앙아시아의 사마르칸드도 알렉산더가 들렀던 도시중 하나이다. 사마르칸드는 과거 조그마한 오아시스에 지나지 않았으며, 이란에서 사마르칸드까지 오려면 메마른 황무지를 건너야한다. 알렉산더는 이 같은 길을 강행군했다.

2011년 파키스탄 이란 터키 등을 자동차로 돌아보면서 알렉산더를 생각해봤다. 먹을 물도 찾기 힘들고, 따가운 햇빛이 작렬하는 사막을 그는 왜 건넜을까? 완벽한 지도와 정보를 갖고도 가기 힘든 그 길에서 10년 이상 버틴 원동력은 무엇이었을까?

아마 알렉산더를 이끈 힘은 '꿈과 비전'이 아니었나 싶다. 유럽 · 아시아 · 아프리카를 아우르는 대제국을 건설하고, 거기에 그리스와 오리엔트를 융합시킨 새로운 세계를 만들어 찬란한 문화를 펼치겠다는 꿈이 그에게 힘을 불어넣었다는 얘기다.

꿈과 비전은 보이지도 않고 손에 잡히는 형체도 아니다. 하지만 알렉산더는 보이지 않는 것을 보고, 이를 잡으려 했다. 그래서 역사에 길이 남았고, 후세에 영웅으로 기억된다.

2013년 경제를 보면 정말 앞이 안 보인다고 한다. 경기 침체와 갈등 속에서 '자본주의의 위기'라는 소리도 많다. 그런 와중에 국내 대기업 총수들은 신년사를 통해 올해를 헤쳐나갈 키워드를 제시했다. 이건희 삼성전자 회장은 "기존 틀을 깨고 오직 새로운 것만을 생각해야 한다."고 말했다. '패스트 폴로어Fast Follower'에서 '퍼스트 무버First Mover'로 변신해야 한다는 의미로 해석된다. 정몽구 현대기아차 회장은 "공격적인 연구개발 투자를 통해 시장과 고객의 다양한 요구를 충족시켜 나가야 한다."고 강조했다. '공격'이라는 단어에서 결연함이 느껴진다. 구본무 LG 회장은 "용기 있는 미래 준비가 있어야 한다."고 말했다. '용기'라는 얘기는 과감하다는 의미로 받아들여진다. 대기업 총수들 스스로 보이지 않는 상황을 두려워하지 않는다고 밝힌 셈이다.

실제로 한국 경제를 둘러싼 상황은 너무 좋지 않다. 철강, 조선, 화학 등 국내 주요 산업을 이끄는 최고경영자 얘기를 들어보면 하나같이 향후 3~5년은 힘들 것이라고 토로한다. 철강에서는 수요와 공급의 균형이 2020년에야 맞춰질 수 있을 것이며, 그 이전에는 줄곧 '공급과잉 현상'이 계속될 것이라는 전망도 있다.

하지만 성공한 경영 리더들은 이처럼 항상 보이지 않는 미래를 필사적으로 헤쳐 나가려 했고 의지로 일관했다. 이건희 회장은 1997년 펴낸 자신의 에세이집 '생각 좀 하며 세상을 보자'에서 21세기를 대비하는 경영자의 조건으로 '지혜, 혁신, 정보력, 국제감각' 등 네 가지를 꼽았다. 이 회장은 지혜에 대해 '사물과 인간의 본질을 꿰뚫어 보면서 미래 변화에 대한 통찰력과 직관으로 기회를 선점하는 전략을 창조해 나가야 한다. 관리의 실패는 언제라도 회복이 가능하지만, 방향을 잘못 잡은 전략의 실패는 회사를 망하게 할 수 있다'고 썼다.

이를 나름 풀이하자면 '지혜란 보이지 않는 것을 보는 안목'으로 표현할 수 있지 않을까 싶다. 2011년 사망한 스티브 잡스가 상상력으로 새로운 세상을 내다보고 이를 창조한 것처럼…

II

최고경영자가 추구해야 할 가치

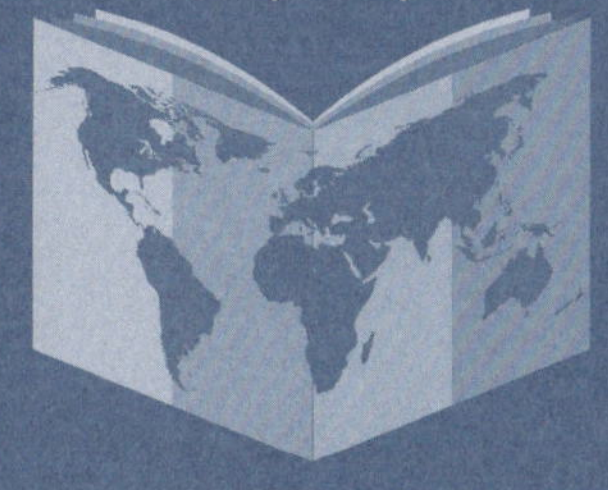

12

신문 테스트에서 얼굴이 붉어진다면

● **잭 웰치** 전 GE 회장은 한때 '20세기 최고의 경영자'
로 불렸다. '1, 2위가 아닌 사업은 모두 정리한다.'는 원칙 아래 과감
만 구조조정을 펼쳐 GE를 세계 최고기업으로 자리매김하게 했다.
그가 이끌던 GE의 윤리지침에 이런 대목이 있다.

지금 하는 일이 신문에 나와도 괜찮은지 반문해보라.

대외적으로 공개돼 문제가 될 일이라면, 당장 이익이 되더라도 절
대 하면 안된다는 이른바 '신문 테스트'다. 한자어로 표현하면 신독
愼獨이 여기에 해당한다. 신독은 중용에 나온 '군자는 홀로 있을 때
스스로 삼간다故君子愼其獨也'에서 유래된 단어로, 남들이 보지 않을
때도 엄격하게 자기관리를 한다는 뜻이다. 유학에서 개인 수양의 최

고 단계로 여겨진다. 이는 기업뿐만 아니라 모든 조직에 공통적으로 적용되는 원칙이라 볼 수 있다.

그렇지만 불완전한 존재인 인간은 늘 이러한 원칙을 잊어버린다. 정당한 이익에 만족하지 못하고, 탐욕을 추구하면서 부끄러워하고 나중에 후회할 만한 짓을 한다. '영원한 비밀'로 감춰질 수 있다는 것을 자신하면서…

'신문 테스트'에 걸린 대표적인 사례가 2012년 초 한국과 일본 양국에서 터졌다. 한국에서는 정치 부문, 일본에서는 기업 부문이다.

한국에서는 2008년 한나라당 전당대회 당시 대표 경선에 나선 박희태 국회의장이 돈봉투를 돌렸다는 얘기로 시끌벅적했다. 시시비비가 가려지고 박 의장이 정치 인생을 마감하는 등 여러가지 파장을 낳았지만 어찌됐든 돈봉투를 둘러싼 폭로전은 여러 사람을 불편하게 했다.

일본에서는 '오래된 장부 조작'을 저질러온 올림푸스가 주인공이다. 올림푸스는 버블이 한창이던 1990년대 초반 고위험성 금융투자에 나섰다가 버블 붕괴로 상당한 손실을 입었다. 2000년대 들어 새로운 회계기준이 도입되자 이를 은폐하기 위해 장부에서 손실을 감추는 일명 '도바시' 수법을 사용했다.

'도바시'는 '날리다'란 뜻의 일본 금융계 은어. 평가손이 발생한 주식이나 채권을 결산기가 다른 그룹 계열사나 자회사에 본래 가치보다 높은 가격으로 재판매해 모기업이 손실을 보지 않도록 하는 회계조작이다. 분식회계 규모는 1000억 엔(1조 5000억 원)이 훨씬 넘는 것으로 판명이 났다.

올림푸스는 1919년 설립된 광학제품 제조업체다. 위내시경 카메라의 세계시장 점유율이 70%에 달하며 한국에서는 디지털카메라로 유명하다. 이런 업체도 이른바 '분식회계는 안된다.'는 기본적인 기업 윤리를 위반한 탓에 오늘날 곤욕을 치르고 있는 것이다.

올림푸스는 분식회계를 주도한 기쿠카와 쓰요시 전 회장 등 19명의 전·현직 임원들에게 손해배상을 청구했으나 '행차 뒤의 나팔'이 아닌가 싶다. 한두 푼도 아닌데 이를 회수하기는 거의 불가능할 것이다.

역사가 흐를수록 더욱 존경받는 에이브러햄 링컨은 "도덕에 뿌리를 두지 않은 행동은 정치적으로 뿌리를 내릴 수 없다."고 말했다. 정치인으로서 얘기한 것으로 현재 한국 정치상황에 해당되는 표현이라 할 수 있다. 링컨의 표현에서 '정치적으로'란 단어를 '경제적' '사회적'이란 어휘로 바꾸면 기업이나 모든 조직에 그대로 적용된다고 볼 수 있다.

2000년 전인 1세기에 살았던 로마시대의 철학자 세네카가 역설했던 폼나는 명언을 한번 보자. 의역하면 '죄는 언젠가는 드러난다. 완전범죄는 없다.'쯤으로 표현되는 라틴어로 된 구절이다.

Nemo potest personam diu ferre.
아무도 가면을 오랫동안 쓰지는 못한다.

13
신드롬 경영에 주의하라

● 1988년 한국에는 2가지 기념비적인 사건이 있었다. 하나는 코리아를 널리 알린 서울 올림픽이었고, 다른 하나는 김수현이 태어났다는 것. 2012년 상반기에 수요일과 목요일 밤을 손꼽아 기다렸던 40대 초반의 보통 여성들이 모임에서 한 얘기다.

김수현이 누구냐고? 드라마 '해를 품은 달(해품달)'의 남자 주인공 이훤 역을 맡은 탤런트 이름이다. 인터넷 검색을 해보니 1988년 2월16일생으로 기록돼 있다. 그의 출생을 서울올림픽만큼 중요시하는 여성들의 발상이 참신(?)했다.

종영을 앞둔 해품달의 마지막 2회분 방송이 제작 지연을 이유로 한 주 미뤄졌다. 그랬더니 다른 방송사에서 새로운 드라마의 첫 방송을 1주일씩 미뤘다. 해품달이 '천상천하 유아독존'이다보니 그 기세를 피해보자는 생각에서다. 2012년 상반기에 해품달을 모르면 대화에서마저 소외되는 상황이었으니 '해품달 신드롬'은 정말 대단했다.

드라마가 신드롬을 불러 일으킨 일은 과거에도 여러 번 있었다. 드라마를 즐기는 편은 아니지만 기억을 더듬어보면 모래시계, 겨울연가, 허준, 대장금, 시크릿가든 등이 여기에 해당된다고 하겠다.

그렇다면 종영된지 1년이 지난 2013년에 해품달은 어떻게 기억될까? 아마도 2012년 하반기에 주부들을 TV로 이끈 '넝쿨째 굴러온 당신'으로 인해 기억속에서 많이 지워졌을 것이다. 넝쿨당은 마지막 회 시청률이 45.3%까지 치솟았고 며느리 차윤희(김남주 역)는 '국민 며느리'란 얘기를 들었다. 그리고 점차 우리의 기억 속에서 멀어져 가고 있는 중이다.

신드롬이란 무엇을 의미하는가? 신드롬syndrome은 그리스어 'sun(함께)'과 'dromos(트랙, 달리다)'에서 나온 것으로 '함께 달리다.'는 뜻이라고 한다. 주로 의학과 심리학에서 쓰이는 신드롬은 증후군으로 번역되며, 원인이 명확하지 않지만 공통점을 가진 일련의 병적 증상을 총칭하는 용어다. 요즘은 대중 매체의 발달로 특정 인물을 우상화하고 모방하는 문화현상이 자주 나타나는 데 이런 현상도 신드롬으로 불린다. 이런저런 사회 현상에 모두 신드롬이란 이름을 붙이려고 하다보니 '신드롬 신드롬'이란 말까지 나왔다.

신드롬이 과거보다 더욱 빈번히 나타나는 것은 네트워크 발전과도 연관이 있다. 전화, 이메일, 소셜네트워크서비스, 메신저 등 손쉽게 이용할 수 있는 수단이 널려 있기 때문이다. 전 세계적으로 이메일로는 6단계, 트위터로는 4.5단계면 모두 연결된다고 한다. 한국 사람들은 3.5단계를 거치면 전국민이 아는 사이라고 하니 정말 좁은 세상이다. 그렇게 연결되다 보니 흥미를 끄는 얘기나 사건은 급속히 퍼지고, 신드롬으로 비쳐진다는 것이다.

이러한 신드롬은 트렌드에 민감한 경영학에서도 예외가 아니었다. 6시그마, 리엔지니어링, 프로세스혁신BPR, 고객관계관리CRM, 블루오션, 펀Fun 등 유행되는 명칭이 많았는데 요즘은 그리 언급되지 않는 듯 하다. 시나리오 경영도 유행했다. 미래를 예상하고 미리 대비전략을 짜 놓는 방식이다.

하지만 상품이 과거처럼 '도입-성장-성숙-쇠퇴'의 라이프사이클을 거치지 않고, 바로 '도입-성장 다시 도입-성장'으로 가는 변화에서 시나리오는 거의 위력을 발휘하지 못하고 있다. 시나리오가 아니라 변화에 얼마나 민첩하게 대응하느냐가 더 중요해졌다는 얘기다.

새로운 산업의 발전 트렌드를 거부할 수는 없다. 하지만 실질적인 변화의 트렌드와 거품이 섞여 있는 신드롬은 어느 정도 구분돼야 할 것 같다. 19세기 미국 캘리포니아에서 골드러시가 일어났을 때 돈은 금광업자 몫이 아니었다. 청바지를 만들고 곡괭이를 팔던 상인들이 진정한 수혜자였다. 투자의 귀재인 워렌 버핏이 IT거품에 휩쓸리지 않았기에 오늘도 건재하지 않은가?

뜨거운 열정은 사람만이 지니는 특권중 하나다. 하지만 열정만 지니면 독립적인 사고를 하기가 어려워지고, 사회 흐름에 휩쓸리기 쉽다. 대중이 신드롬에 빠진다는 것은 다양성을 필요로 하는 사회의 건강에도 좋지 않다. '신드롬 신드롬'은 그래서 누구에게나 늘 경계의 대상이 아닌가 싶다.

14

편향과 인너넷을 경계하라

● **심리학의** 대가이며 행동경제학의 창시자인 대니얼 카너먼. 그는 2002년 노벨경제학상을 받는 자리에서 다음과 같이 말했다.

> 인간이 모두 비합리적이라고 말하는 것은 아니다. 하지만 합리성이라는 개념은 매우 비현실적이다. 나는 합리성이라는 개념 자체를 부정하고 싶을 뿐이다.

그의 발언은 '이성을 갖춘 인간은 합리적 선택을 하는 존재'라는 주류경제학의 기본 토대가 잘못됐다는 주장이었다. 한마디로 폭탄 공격이었다.

그가 심리학자 아모스 트버스키와 함께 오랫동안 연구한 주제는

'편향bias'이었다. 편향이란 한쪽으로 치우침을 얘기하며, 동양철학이 중시하는 중용中庸을 벗어났다는 의미로 해석할 수 있다. 특히 심리학에서는 '확증편향confirmation bias'이라는 말이 유명하다. 이는 '자신의 신념과 일치하는 정보는 받아들이고, 신념과 일치하지 않는 정보는 무시하는 경향'을 말한다. 대부분의 사람들이 어떤 문제에 대해 자신에게 유리하도록 아전인수식 해석을 한다는 얘기다.

일반적으로 두뇌는 과거에 배운 많은 지식과 현재에서 습득한 수많은 정보 사이에서 외줄 타기를 한다. 두 가지 측면이 적절히 조화되는, 즉 '인지 균형'이 이뤄져야 건전한 사고와 판단이 가능해진다. 과거에 너무 집착하거나, 거꾸로 과거를 깡그리 무시하면 판단력이 흐려지며 '확증편향'에 빠진다.

문제는 이러한 '확증편향'이 대한민국 사회에 너무 만연해 있다는 사실이다. 2012년 상반기 정치권을 뜨겁게 달궜던 통합진보당의 내분 사태가 대표적이다. 당권파와 비당권파로 나뉘어 싸우는 그들에게서 독선과 아집의 그물망에 촘촘히 얽매어 있는 자화상을 본다. 누가 봐도 비상식인데 이를 상식이라고 하니 기가 찰 노릇이다.

이명박 정부의 레임덕을 가속화시킨 영포라인의 전횡도 그렇다. '그들만의 리그' 속에서 자신들이 하는 일은 무조건 옳다며 법 위에 군림하는 모습에서 '확증편향'의 전형을 찾을 수 있다.

한쪽에서만 바라보는 그들의 의사결정 과정은 외발자전거를 타는 모습과 비슷하다. 외발자전거를 잘 타는 사람은 '서커스의 광대'에 불과하다. 그들의 행동은 '쇼show'일 수밖에 없다.

베스트셀러 '렉서스와 올리브나무'를 썼던 토머스 프리드먼은 인터넷이 우리 모두를 이웃으로 만들 것이라고 선언했다. 하지만 현실은 그렇지 않은 것 같다.

소셜네트워크서비스[SNS] 세계를 보더라도 사람들은 생각과 행동이 비슷한 사람끼리 뭉치는 경향이 있다. 정보가 자유롭게 흘러 사람들의 판단을 돕는 인터넷이 아니라 내부자, 즉 '이너서클[Inner Circle]'만 어울리고 뭉치는 인너넷[InnerNet]을 추구하기 일쑤다. 그러다 보니 다양성을 포용하거나 인정하지 못하고, 사회가 갈기갈기 찢어지는 현상이 나타난다.

'경청'은 정치 리더나 기업 최고경영자들에게 가장 많이 요구되는 덕목이다. 성공한 사람들의 대부분 성공의 첫째 비결로 '경청'을 꼽는다. 많은 의견을 들어야 자신의 무지를 깨뜨릴 수 있고 더 나은 결정이 가능하다는 취지에서 나온 결론으로 생각된다.

실제로 보고 싶은 것만 보면 중요한 공공적 문제가 사라지게 된다. 일반적으로 무미건조하고 복잡하고 천천히 진행되는 문제들은 아주 중요한 안건들인데도 불구하고 뉴스로 떠오르지 못하며 별로 눈길을 끌지 못한다. 홈리스에 대한 정보를 찾는 사람은 거의 없고, 공유하지도 않는다. 공공의 이슈에 관한 광고는 환영받지 못한다. 그러다 보면 점점 더 국가나 사회에 필요한 정치적 프로세스가 사라지게 된다. 이러한 나라나 사회는 점차 건강함을 잃고 쇠락하게 된다.

모두 자기만 옳다고 주장하는 '인너넷 세상'에서 우리 모두 철학자 칼 포퍼의 얘기를 다시 한번 생각해보는 건 어떨지.

우리가 옳다고 하는 만큼 우리는 언제나 틀릴 수 있다. 언제 틀릴 지는 알지 못한다.

15

휴식은 창조의 근원

● **한국** 사회에서 '부지런함'은 늘 최고의 덕목이다. 능력이 다소 부족해도 '워커홀릭workaholic'이면 훌륭한 인재로 대접받는다. 해가 뜨자마자 일하고, 해가 지면 불을 밝혀 놓고 일하고… 퇴근할 때는 '잠시 집에 들렀다 오겠습니다.'라는 우스갯소리를 하기도 했다.

한국 경제의 선구자인 기업인들도 대부분 부지런했다. 현대그룹을 일으킨 고 정주영 명예회장은 매일 새벽 아들들과 걸어서 출근했다. 새벽에 어둑어둑한 골목길을 걷는 그의 모습은 지금봐도 늘 감동이다. '세계경영'의 김우중 전 대우회장은 휴식의 개념이 독특했다. '일하는 게 쉬는 것'이라고 여겼고, '일을 해야 건강도 좋아진다'고 얘기하곤 했다. 사업을 시작한 이래 하루도 쉬지 않았으며 가방 하나만 든채 전 세계를 누볐다. 부지런함에서는 이명박 대통령도 빼놓을 수 없다.

'부지런해야 성공한다.'는 명제를 설파한 용어도 많다. '아침형 인간'과 '얼리버드early-bird'가 대표적이다. 국내에서는 정말 일밖에 모른다는 뜻으로 '월화수목금금금'이 유행하기도 했다. 일주일에 금요일 3차례 있을뿐 토요일과 일요일은 없다는 뜻이다.

동양과 서양의 휴식에 대한 생각은 조금씩 다르다. 이것은 문화적 차이 때문이기도 하다.

영어로 레저leisure는 '자유롭게 된다.' 또는 '허용된 활동을 하다.'의 라틴어 'licere'에서 유래되었다. 이게 불어의 'lesser(하락되다)'로 발전되다가 오늘날 레저가 됐다. 서양에서 레저는 기독교적인 'holiday(휴일)'와 관련이 깊다. holiday는 원래 'hollyday(성스러운 날)'에서 나온 말로 평일의 노동으로부터 해방되어 신에게 감사드리는 날을 뜻한다. 인간으로서 쉬지 않으면 안된다는 점을 강조한다.

반면 동양에서 휴일은 오직 일하지 않는 날이라는 한가지 의미가 강하다. 따라서 '근로제일주의'라는 측면에서 보면 쉬지 않고 일하는 편이 좋다는 것으로 풀이될 수도 있다. 그래서인지 기업은 휴가에 대해 아직도 인색한 측면이 있다. 다만 최근 '휴식은 창조의 근원'이란 인식이 점차 확산되고 있다는 사실은 고무적이다. 예컨대 구본준 LG전자 부회장이 최장 4주간 업무에서 해방될 수 있는 '연구원 리프레쉬 휴가'를 연구인력 전체로 확대한 게 좋은 사례다.

실제로 몸과 마음이 건강해지려면 신체 활동과 감정의 균형이 필요한다. 한쪽으로 너무 기울면 건강이 한순간에 무너질 수 있다. 특히 여름 휴가를 가면 스트레스의 원인으로부터 벗어나게 되고, 새롭고 좋은 자극을 많이 받게 된다. 여행을 떠난 사람들이 좋은 자극을 받고 돌아와서 새로운 비즈니스나 새로운 연구를 시작하는 경우도 자주 있다. 실제로 부지런함을 유난히 강조했던 기업인들이 경영에서 실패한 경우도 자주 봐왔다(미국에서는 골프를 즐겼던 대통령이 더 정치를 잘했다는 분석도 있다).

세계적인 프로그래밍업체 SAS는 엔지니어들이 하루 8시간 이상 일하는 것을 금지한다. 야근하다가 오류가 생기면 바로잡는 데 비용이 더 든다는 이유에서다. 열심히 일하는 게 해악이 될 수 있다는 것.

고도성장을 경험했고 군대문화가 강한 한국에는 아직도 'SS, KK'를 강조하는 분위기가 많다. 이는 직장인의 비속어로 '시키면 시키는 대로, 까라면 까라는 대로'란 뜻이다. 이러한 마음가짐을 지닌 상사들에게 한가지 전하고 싶다. '아무리 좋은 상사도 없느니만 못하다.'는 사실을. 정말 뜨거운 여름이다. 모두 잠시나마 일터를 떠나보자.

16
고졸공채의 미래

● 고졸 공채가 2011년부터 화두가 되더니 2012년에는 사회 각계 각층으로 확산됐다. 학력에 관계없이 골고루 채용기회를 줘야한다는 정부와 사회각계의 성화에 기업도 자의반 타의반의 모양새로 화답하고 있다. 대기업과 금융권이 고졸 학력자들에게 채용 문호를 넓히자 지원경쟁이 뜨겁다.

2012년 고졸 학력자 500명을 뽑겠다고 발표한 한화그룹 공채에 1만 4000명이 몰렸다. 경쟁률이 28대 1이다. 삼성은 2012년 상반기 600명의 고졸공채를 실시했다. 고졸 학력자 채용에는 현대차, LG, SK, 포스코, 롯데 등도 나서고 있다. 우리은행과 기업은행, 산업은행, 농협 등도 정부 흐름에 동참하는 분위기다.

'대졸 중심의 고학력 구조'를 깬다는 취지에서 이런 흐름은 환영받을만 하다. 하지만 뉴스를 접하면서 한 가지 의구심이 든 것도 사실이다. 과연 고졸공채 출신이 기업에 들어가서 살아남을 수 있을 것인가 라는 점이다. 기업의 생색내기 사례에 불과한 것은 아닌지? 갈수록 실력을 요구하는 사회에서 그들은 경쟁에서 이겨낼 수 있는 실력을 구비하고 있는 것인지?

최근 서치펌 인사와 대화를 나눈 적이 있다. 그에게 채용시장에 대해 물었더니 한 마디로 답해줬다.

> 기업 최고경영자나 인사 담당자들이 하는 얘기는 한결 같아요. '사람이 없다.'라는 것이죠. 좋은 사람을 찾기 힘들다는 게 한결같은 하소연이에요.

그래서 반문해봤다. 요즘 젊은이들은 스펙도 좋고 영어도 잘하는데 왜 그러냐고? 그랬더니 "전투력이 없다."는 답변을 내놨다.

한 대학교수는 이렇게 얘기하기도 했다. "학생들이 공부는 열심히 하는 것 같은데 '헝그리 정신'이 없어요. 뭔가 일을 해내려는 추진력도 없고. 부모님 밑에서 풍족한 생활을 하다보니 모두 캥거루족이 됐다고나 할까. 따뜻한 부모님 품에서 무한사랑을 받고 있으니 나올 생각이 없는 거지요."

그의 표현에 따르면 스펙 좋고 영어를 잘하는 젊은이들이 진정한 인재는 아니라는 것이었다. 많은 사람들은 요즘 젊은이들을 보고 검색만 잘할 뿐 사색(생각)은 젬병이라는 평가를 내리기도 한다. 자신들이 인터넷에서 본 것을 지식의 전부인양 자랑하는 젊은이들의 행태를 꼬집는 표현이다.

실제로 '지혜로운 사람' 즉 진정한 인재가 되는 길은 어렵다. 젊은 이들은 인터넷에서 본 것들은 대부분 무가치한 뉴스일뿐이다. 생명력이 하루살이만도 못한 잡동사니에 불과하다는 것. 이러한 것들이 분석과 평가과정을 거쳐 가치가 부여될 때 정보로 탈바꿈한다. 하지만 정보도 지식보다는 하위 개념이다. 정보는 사실로부터 출발해 개인에게 필요하고 관심을 끄는 단편적인 개체인데 비해, 지식은 정보가 스스로의 몸에 체화되는 즉 종합적인 연결체로서 자리매김한다. 인터넷에서 본 내용이 본인에게 필요한 존재로 머릿속에 각인될 때 지식이 된다는 얘기다.

이러한 지식이 쌓이고 쌓여 자유스럽게 변환이 가능할 때 비로소 지혜가 된다. 철학자 소크라테스는 "지혜란 지식을 적절하고 옳게 사용할 줄 아는 것."이라고 정의를 내렸다. 결국 지식은 어떤 것을 알고 있다는 개념knowledge라면, 지혜는 무난한 해결력을 의미한다고 볼 수 있다.

'뉴스-정보-지식-지혜'의 프로세스를 정확히 이해하고 이를 보석으로 만드는 능력이 요구된다는 뜻이다.

기업 최고경영자나 인사담당 임원들이 "사람이 없다."라고 말한 것은 바로 이러한 지혜 부분을 강조한 것으로 생각된다. 영어는 좔좔 하는데 논리와 내용이 없고, 아는 것은 많은 듯 한데 창조성이 부족한 세대에 대한 아쉬움이라고나 할까? '고졸 공채'에게든 '대졸 공채'에게든 기업의 세계는 무한경쟁의 세계다. 그들이 '지혜로운 인

재'로 커서 기업의 미래, 대한민국의 미래를 잘 만들어갔으면 하는
바람이다.

17

빅데이터는 만능일까

● **네이트** 실바라는 선거 예측 블로거가 2012년 미국 대선의 투표 결과를 모두 맞혀 화제가 됐다. 그는 2012년 야구선수 분석 및 예측 시스템인 페코타^{PECOTA}를 개발해 명성을 얻은 인물이다. 2008년 대선과 상원의원 선거를 정확히 맞히기도 했다. 그는 2012년 대선에서 초박빙 경합주 9개를 포함해 50개 주의 결과를 모두 정확히 예측해 다시 한번 명성을 떨쳤다. 그의 웹사이트 이름은 대선 선거인단 숫자를 본떠 '파이브서티에이트(538)'로 명명돼있다.

그는 프로야구 월드시리즈 우승팀의 후보를 고를 때 탈삼진, 수비 안정도, 마무리 투수 등 3가지만 본다고 했다. 그는 이번 대선에서도 3가지만 봤다고 했다. 오바마의 인기도, GDP 성장률, 공화당의 수비 실력 등이 그것이다. 실버는 여론 조사 결과에도 정확성에 따라 가중치를 뒀고, 인구 통계와 과거 투표 행태도 꼼꼼히 살폈다.

대선 예측은 내년에 유행할 패션, 허리케인, 외계인에 대해 말하는 것만큼 어렵다고 한다. 하지만 실버는 "제대로 된 인구 분석이 여론조사보다 훨씬 정확하다. 정치적 문제든 경제적 문제든 객관적으로 옳은 대답은 있다고 믿는다."고 했다. 반면 유명 여론조사업체인 갤럽과 라스무센은 대선 결과를 잘못 짚은 죄로 '허당'이라는 얘기를 들어야 했다.

실버처럼 3가지 변수만으로 정확히 미래를 예측할 수 있다면 얼마나 좋을까? 하지만 세상 일이라는 게 그리 만만한 것만은 아니다. 그래서 최근 인기를 끄는 게 '빅 데이터'다. "데이터만 있다면 트렌드를 읽어내고, 시장에 적응하며 시장을 선도해 움직일 수 있다."는 게 핵심이다.

빅 데이터는 기존의 방법으로 분석하기에는 너무나 큰 데이터를 뜻한다. 주로 트위터나 페이스북 등 소셜 미디어를 통해 입수한 자료다. 예컨대 대한민국 국민 중 3000만 명이 스마트폰을 사용하고, 하루 500만 여건의 트윗이 올라온다. 지구촌 사람중 7억~8억 명은 페이스북을 한다. 이를 통해 기업은 소비자의 마음을, 정치권은 유권자의 마음을 읽는다는 것이다.

빅 데이터가 분석되면 진짜 정보를 실시간으로 얻을 수 있다. 이는 기존 여론조사보다 훨씬 강력해질 수 있다고 한다. 기존 설문조사는 질문 방식이나 순서에 따라 결과가 달라질 수 있고, 소비자가 수동적으로 대응한다는 한계를 지닌다. 반면 소셜 미디어에서는 대화 등이 자발적, 능동적, 무의적으로 이뤄지므로 훨씬 속내를 잘 들여다볼 수 있다.

그렇다면 빅 데이터는 만능일까? 문제는 빅 데이터의 본질이 분석 기술이 아니고 분석을 통해 문제를 만들어내는 데 있다는 사실이다. 예상답안이나 모범답안을 버리고 새롭게 질문을 구성하는 것, 즉 빅 데이터를 통해 사회 현상과 흐름에 대한 '새로운 질문을 만들어보는 것'이 빅 데이터의 핵심이라는 얘기다.

실제로 미래 예측을 위해서는 여러가지 방법이 동원될 수 있다. 여기서 변치 않는 진실은 조사 대상이 바로 사람이라는 점이다. 3~4가지 데이터를 활용하든, 수만개의 데이터를 활용하든 성패 여부는 정확한 질문과 이에 대한 사람들의 정확한 답변에 달려 있다고 할 수 있다. 당연히 결과는 틀리기 십상이다. 한자 구절 '인심조석변人心朝夕變(사람 마음은 아침 저녁으로 변한다)'이 그대로 적용되기 때문이다.

그래서 중요한 게 질문이다. 핵심을 찌르는 질문은 곧 정답으로 연결되기 때문이다. GE의 전 경영자였던 잭 웰치가 '현대경영의 아버지' 피터 드러커에게 회사 구조조정에 대한 조언을 부탁했을 때 드러커의 답은 걸작중의 걸작이다.

> 당신이 옛날부터 이 사업을 하지 않고 있다고 가정합시다.
> 그러면 지금 이 사업을 시작하겠습니까?

웰치는 크나큰 영감을 받고 1, 2등 사업을 제외한 채 나머지를 포기하는 정책을 펼쳤다.

한국인들은 늘 정답을 내놓는 훈련을 받아왔다. 초등학교 시절부터 대학 졸업까지 16년의 세월동안 내내 그랬다. 4개의 번호 중에 하나를 콕 집어내는 4지 선다형 답안이 대부분이었고 주관식 서술형 답변은 별로 없었다. 그러다보니 질문을 만드는 능력이 현격히 퇴화해버렸다. '세상은 온통 문제투성이일뿐 정답은 없다.'라는 사실을 몰랐던 것. 그에 따른 허송세월을 하루라도 줄이는 노력을 해보는 게 현명한 자세가 아닐까 생각된다.

18
레드오션에도 기회는 있다

● 옥스포드 사전이 2012년 '올해의 단어'로 'omni-
-shambles (총체적 난맥)'을 선정했다. 'omni'는 '모든 것, 모든 방식,
모든 곳'을 뜻하며, 'shambles'는 큰 혼란이나 난장판을 의미한다. 옥
스포드대학출판사는 "총체적으로 잘못 운영돼 실수와 계산 착오가
연이어 나타나는 특성을 가진 상황을 뜻하는 단어"라고 설명했다.

당초 이 단어는 영국 BBC의 정치 풍자 프로그램 작가들이 만들어
낸 말이다. 런던올림픽 개최 준비과정에서 나타난 정부의 잦은 실수
와 성추문 오보 등 위기에 빠진 미디어업계의 상황을 표현하기에 적
합하다는 측면에서 선정됐다.

지나친 확대해석일지는 몰라도 'omnishambles'는 2013년에 접
어든 한국 경제에 딱 들어맞는 표현인 듯 하다.

한국은 대외 충격에 매우 민감하다. 수출의 GDP 기여도가 2011

년 기준 52%에 달할 만큼 수출에 목을 메고 있는 형국이다. 글로벌 외부충격이 있으면 세계 교역규모가 줄고 이는 세계 성장률의 저하로 이어져 한국의 수출에 타격을 주는 방향으로 움직인다는 얘기다. 여기에 주식시장내 외국인 보유비중이 32%에 이르고, 외국인 자금규모만 7500억 달러에 달한다. 외국인들이 썰물처럼 빠져나가면 금융시장이 와르르 무너질 가능성이 높다는 의미다.

한국은 확실히 '저성장 시대'에 들어섰다. 실질 경제성장률은 70년대 초반 오일 쇼크, 90년대 말 IMF 외환위기, 2008년 글로벌 금융위기 등 세차례 위기를 제외하고는 가장 낮다. 미국 경제조사단체 컨퍼런스보드는 '세계 경제 전망 2013' 보고서에서 선진국과 개발도상국의 성장률이 2012년 5.5%에서 △2013년 4.7% △2013~2018년 연평균 4.2% △2019~2025년 연평균 3.7%로 전망했다. 한국은 더 참담하다. 2012년 2.7% 성장에 이어 △2013~2018년 연평균 2.4% △2019~2025년 연평균 1.2%까지 떨어질 것으로 내다봤다.

한국을 둘러싼 경제환경을 보면 투자재원이 되는 가계 저축률은 5% 이하로 바닥을 기고 있으며, 생산가능인구(15~64세) 비중은 2012년 73.1%를 정점으로 내리막길을 걸어 2020년 71.1%, 2030년 63.1%로 낮아질 것으로 전망된다. 특히 2012년은 한국 경제의 성장을 이끌었던 베이비붐 세대의 은퇴가 시작되는 시기이기도 하다.

개인과 가계부문의 흐름도 매우 나쁘다. 가계자산의 대부분을 차지하는 부동산은 깨어날 기미를 보이지 않고 있는 가운데 가격 하락과 거래량 감소가 상호 악순환을 나타내고 있는 게 특징이다. 특히 매수우위지수가 25.4(2012년 8월)로 2009년 이후 최저치를 기록하면서 심리적 위축이 심하다. 주택 수요계층이 감소하고, 1~2인만 사는 소형 가구 비중이 2002년 38%에서 2012년 50% 수준에 달하더니 2032년 67%에 달한다는 전망도 부동산 시장을 우울하게 만든다.

부동산이 위축되다보니 은행권 가계대출에도 적신호가 켜졌다. 주택담보대출 부실비율은 2012년 0.67%에 달하는 데, 특히 일시상환대출비중이 38%에 이를 만큼 구조적 취약성을 보이고 있다.

그밖에 △양극화에 따른 중산층 비중의 감소 △폐업한 자영업자의 급증(2011년 83만명) △높은 청년실업률(2012년말 7%내외) △일자리 창출능력의 약화 등의 문제도 있다. 예컨대 일자리 창출을 위해서는 성장이 필요하지만, 1% 성장시 새로 생기는 일자리 숫자는 2000년대 초반 9만 명 내외에서 2012년에는 4만 명 내외로 줄었다. '일자리 해법은 성장'이라고 말하지만 내면을 들여다보면 '성장은 일자리 창출해법의 절반' 정도에 그친다고 할 수 있겠다. 여기에 모두 고학력을 추구한 데 따른 노동시장 수급 구조의 불일치도 문제점으로 대두된다.

이같은 총체적 난국을 단칼에 해결할 해법은 없다. 위험요인을 선제적으로 제거해 경제 펀더멘털을 강화하고, 지식기반 서비스 등 미래 성장동력을 확보하고, 경제 패러다임 변화에 민첩하게 대응하는 것 이외에 다른 우회로는 없는 셈이다.

그렇다면 온통 잿빛 세상에서 탈출구는 없는 것일까?

인간은 몸에 비해 두뇌가 가장 큰 동물이다. 소화관은 매우 짧다. 지혜를 발휘하면서 다양하고 질 높은 음식을 먹다보니 두뇌가 커지고 소화관은 덜 발달한 것. 특히 사람들은 먹이 피라미드의 최정점에 위치해 있으면서도 모든 종류를 다 먹는다. 영화 '인디아나 존스'에 나오는 원숭이 골 요리는 약과일 만큼 모든 동물의 생각해볼 수 있는 모든 부위를 먹는다. 여기에 식물의 뿌리 싹 줄기 껍질은 물론 곤충, 벌레, 버섯, 해초 등도 식용으로 이용한다. 워낙 다양한 것을 먹다 보니 어떤 게 안전한 지 세심하게 주의를 기울여야 했고, 이를 일일이 기록할 수 없으니 감각과 인지능력을 활용해야 했다. 먹을 수 있는 것과 먹을 수 없는 것의 구분에 엄청난 에너지를 투입하다보니 두뇌가 발달했다는 의미다.

반면 동물들은 다르다. 초식공룡은 풀만 먹다보니 머리는 작아지고 소화관이 길어졌다. 호주에 사는 코알라는 유칼립투스 잎밖에 먹지 않으므로 뭘 먹어야할 지 고민할 필요가 없었다. 기다란 목을 지닌 기린이나, 풀을 주식으로 삼는 코끼리도 만차가지로 뇌에 비해 몸집이 훨씬 크다.

사람들은 이처럼 복잡한 머리를 활용해 살아왔으며 역사를 썼다. 세상이 복잡해지고 어지러워질수록 살아남기 위해 지혜를 짜내야 했던 것. 중국에서 제자백가가 나오면서 여러 사상이 발전한 시기는 온통 분열로 얼룩졌던 춘추전국시대였으며, 르네상스가 일어난 곳은 도시국가들이 우후죽순격으로 생겨나 상호 경쟁하던 이탈리아였다. 과학기술은 혼란한 전쟁 시기에 더 발전한다는 분석도 있다.

세계 100대 부호중에 하나로 꼽히는 코넬리우스 반더빌트는 1810년 16세의 나이에 모친에게서 100달러를 융자받아 작은 돛단배를 구입했다. 그리고 스태튼섬과 뉴욕시를 왕래하는 고객들과 화물을 운송하는 사업을 시작했다. 그가 뛰어든 노선은 기존에 워낙 많은 배가 오가는 상황이었다. 반더빌트는 여기서 남들이 감히 도전하지 못할만한 수준의 저운임 정책을 펼쳤다. 1년만에 그는 융자금 100달러는 물론 이익배당금 1천 달러를 어미니에게 돌려줄 수 있었다. 나중에 철도왕이라면 명성을 얻은 반더빌트는 "나룻배 사업은 레드오션이지만 돈이 되니까 모두 뛰어드는 것 아닌가. 레드오션에도 기회는 있다."는 마음가짐으로 사업을 벌여 성공스토리를 썼다.

인간은 몸집에 비해 훨씬 큰 두뇌를 선물받았다. 이는 세상을 험난할수록 이를 헤쳐나갈 지혜를 발휘하라는 신의 계시가 아닐까 생각된다. 대부분의 분야가 레드오션으로 변한 지금이야말로 인간이 지적 능력을 취대한 발휘할 수 있는 지점이 될 수 있다는 것이다.

III

경영에
지름길은
없다

19
미운 오리 예뻐하기

● **안데르센의** 동화 '미운 오리 새끼'를 읽으면 늘 감동을 받는다. 날마다 구박만 받던 미운 오리가 알고보니 백조였다는 결말은 누구나 아는 이야기지만 다시 봐도 흐뭇해진다(안데르센은 원래 '다름'을 수용하지 못하고 왕따시키는 닫힌 사회의 현실을 꼬집으려는 의도에서 이 얘기를 썼다고 한다).

기업에도 늘 '미운 오리'나 '존재감 없는 부서'가 있다. 돈을 못버는 부서나 사업부가 여기에 해당한다. 걸핏하면 다른 사업부 사람들로부터 돈을 축내고, 내 보너스를 줄이는 암적 존재로 질타받기 일쑤다. 해당 부서의 임직원들도 '수익이 계속 안나오면 짤릴 수 밖에 없는데…'라며 의기소침해지고 자괴감을 갖기 쉽다. 과연 이들의 불행은 계속 이어지는 걸까.

2012년 초에 삼성전자 네트워크사업부가 '미운 오리' 신세에서 벗어나고 있다는 뉴스가 나왔다. 네트워크사업부는 삼성전자 9개 사업부 가운데 가장 매출이 적었던 곳. 2G와 와이브로 원천기술로 비상을 꿈꿨지만, 세계 이동통신의 주도권이 LTE로 넘어가면서 소외됐다. 그러다가 2012년 들어 LTE가 뜨면서 미국 이동통신업체에 장비 공급계약을 하는 등 기술력을 인정받고 있다.

삼성에서는 미운털이 박힌 사업이 대표적인 '캐시 카우'로 변신한 전례가 있다. 반도체사업이 대표적이다. 반도체부문은 초창기시절 오랫동안 다른 계열사에 손만 벌리는 적자투성이 회사였다. 당시 반도체부문 자금담당은 틈만 나면 장사가 잘되는 삼성물산에 와서 손을 벌렸다고 한다. 그러던게 지금은 글로벌 최강이다.

삼성뿐만이 아니다. LG그룹의 경우 모태인 화학부문은 전자부문의 그늘에 오랫동안 가려져 있었다. 상대적으로 각광을 받지 못했고, 외부 노출도 많지 않았다. 그렇지만 전자부문이 고전하고 있는 현 상황에서 LG화학은 그룹의 든든한 버팀목이 되고 있다.

대한민국 전체의 산업적 측면을 보더라도 미운 털이 박힌 분야가 있었다. 1990년대 수익성 악화로 위기를 겪던 조선산업이 대표적이다. 당시 사양산업으로 인식됐다. 유럽과 일본에서는 이미 흘러간 과거의 산업으로 치부되는 분위기였다. 한국 정부도 이러한 흐름에 휩쓸리는 분위기였다. 이때 절치부심의 각오를 다진 조선업계는 시설과 R&D에 대한 과감한 투자에 나섰으며 그 결과 세계 1위로 올라섰고 지금도 최강이다. 대한민국의 자랑이기도 하다.

발명왕 에디슨의 '실패는 성공의 어머니'라는 말은 누구나 들어봤을 것이다. 하지만 기업내에서 실패와 뒤처짐은 '실업자로 가는 직행로'라는 사실을 회사원이면 모두 안다. 그래서 아무리 최고경영자가 '실패를 용인하자'가 외쳐도 조직에 잘 흡수되지 않는다. 감동도 적다.

게다가 지금처럼 경기침체가 계속되면 '미운 오리'는 점점 늘어나게 된다. 태양광처럼 특정 업종에서 많은 업체가 어려움을 겪으면 '돈이 안되는 사업'으로 낙인이 찍히기도 한다.

하지만 진정한 경쟁력을 갖춘 기업이나 기업인에게 사양산업은 없다. 유통업계의 월마트, 인터넷업계의 아마존, 생활용품업계의 유니레버나 P&G, 식품업계의 네슬레 등은 경쟁이 심하고 마진이 적은 업계에서 돈을 번다. 이들은 겉으로는 변한게 없는 듯 하지만 늘 조금씩이나마 조직을 바꾸고 '미운 오리'를 백조로 만드는 노력을 한다. 그러기에 누구나 잘 안다고 생각하는 산업에서 한발 가량 앞서 나가고 있으며 여전히 경쟁력을 자랑하고 있다

세상에서 변하지 않는 유일한 진실은 '변한다는 사실'뿐이라고 한다. 기원전 5세기경 그리스의 철학자인 헤라클레이토스가 내놓은 깨달음이다. 지금이라도 주변의 미운오리는 없는지, 있다면 그들을 하얀 백조로 탈바꿈시킬 방법은 없는 지 한번쯤 다시 생각해보면 어떨까?

20

엘리자베스 여왕으로부터 조직개편 철학을 배워라

● IT업계의 지인과 자리를 같이한 적이 있다. 얘기를 나누던 중 정부 조직개편이 화제로 떠올랐다. 정권때마다 국가 경쟁력을 강화한다는 명분으로 조직개편을 했고, 총선과 대선이 치뤄진 2012년 한해 동안 정치권에서 정부 조직개편이 화두로 떠올랐기 때문이다. 2012년 논의된 정부 조잭개편 내용을 보면 야권은 과학기술부의 부활과 중소기업부 신설 등을 내세웠고, 여권도 과학기술부와 해양수산부 부활을 언급했다.

IT업계 인사는 이런 내용을 애기하더니 대뜸 불만을 털어놨다.

"이명박 정부가 IT정책을 총괄하던 정보통신부를 없앴잖아요. IT정책은 지식경제부로 이관되고, 통신정책은 방송통신위원회로 보내고. 그래서 나온 결과가 뭡니까. 한 마디로 정책의 실종이요, IT 경쟁력의 후퇴잖아요. 조직개편은 정말 함부로 하는게 아닌데…"

찾아보니 한국의 IT경쟁력 지수는 크게 추락했다. IT코리아의 명성을 날리며 2007년 세계 3위까지 올랐다가 이명박 정부 들어 계속 떨어지면서 2011년에는 19위로 밀려났다.

이명박 대통령이 단행한 정부조직개편의 목적은 효율성 제고였다. '작고 효율적인 정부'가 모토였다. 이 대통령은 통합 부처의 하부 조직에 대해 "아주 획기적으로, 기능 중심으로, 또 일시에 융합될 수 있는 방향으로 추진해야 한다."고 방향까지 제시했다. 정부 부처의 이름도 바뀌었다. 기획재정부, 지식경제부, 국토해양부 등이 대표적이다.

하지만 공룡 부처가 된 곳에 덤으로 붙여진 부서는 사실상 홀대받았다는 인상을 지울 수 없다. 지식경제부에 들어간 IT정책(정보통신부)과 연구개발(R&D, 과학기술부)은 기존에 핵심 업무로 자리잡고 있던 산업정책에 밀렸고, 국토해양부에서는 교통과 해양이 건설보다 늘 후순위였다.

명칭에서도 문제가 많았다. 지식경제부의 영문은 'Knowledge Economy'인데 이것만 보고 부처 담당업무가 무엇인지 알기 어렵다. 산업 에너지 무역 전반을 아우르고 있지만 이를 외국인에게 설명하기 힘들다. 학술부서냐고 물어보는 외국인도 있다고 한다. 미국 상무부Department of Commerce는 1913년부터 100년째 같은 이름인 것과 비교된다.

국토해양부에는 건설과 교통이란 말이 없다. 그래서 영문으로 표기할 때는 'Land(땅), Transport(교통) and Maritime(해양) Affairs'

을 넣었는데 그래도 건설Construction은 빠져 있다. 이름에서 업무가 전혀 연상되지 않으니 모두 헷갈릴 수 밖에.

기획재정부는 'Strategy(전략) and Finance(재정)'로 되어 있다. 여기에 예산budget은 없다. 그리고 금융위원회Financial Services Commission 와는 어떻게 역할이 다른 지 영어로 봐서는 선뜻 구분이 잘 되지 않는다.

하기야 기획재정부의 운명도 기구하다. 정부내 대표적 라이벌 부처인 경제기획원과 재무부는 1994년 대형 M&A에 휘말려 재정경제원이 됐다. 경제계획 예산, 재정, 금융, 세제 등을 모두 움켜쥔 공룡부처였다. 1997년 외환위기가 발발하자 비대한 몸집 때문에 대처가 늦었다는 비난을 받았고, 결국 재정경제부 기획예산처 금융위원회로 쪼개졌다. 그후에도 변신을 거듭하다가 이명박 정부가 들어서며 예산이 포함된 기획재정부가 됐다.

정부나 기업이나 새로운 권력에게 조직개편은 늘 유혹으로 다가온다. 권한을 쥐었으니, 새롭게 조직을 구성해 자신이 꿈꿔온 이상을 마음껏 펼치고 싶다는 게 인지상정이다. 아름다운 장미에 가시가 있듯이, 유혹은 반드시 독을 품고 있는데도 이를 간과하는 것이다. 하지만 마음 속 이상이 생각대로 현실에서 이뤄지지 않는 다는 것은 모두가 안다.

국내의 한 대형 전자업체는 과거 잘못된 조직개편의 후유증을 여전히 털지 못하고 있다. 외국식 조직과 명칭을 만들고, 영어로 커뮤니케이션을 하게 하니 대부분 한국인인 조직이 흔들릴 수 밖에 없었던 것. 한 실무자는 "국내 영업을 하고 국내에서 후선 지원업무를 하는 부서도 영어로 업무를 보고하게 했어요. 그러다보니 한글로 보고서를 만들고, 다시 이를 영어로 바꾸고… 그러다 보니 실제 업무는 뒷전이고 보고서에만 신경쓰는 촌극이 벌어졌어요."라고 전했다. 여기에 기술보다 마케팅을 우선시하는 듯한 방향 제시로 조직 전체가 머뭇거리는 사이에 IT업계의 흐름에 뒤처졌다.

그렇다면 조직개편은 어떻게 하는 게 좋을까? 대영제국의 기틀을 닦은 엘리자베스 1세가 좋은 사례가 될 듯하다. 그녀는 1558년 즉위해 44년을 통치하면서 9가지 원칙을 세웠다.

몇 가지를 들어보면 △현명한 인재는 끝까지 믿고 쓰며 △재정을 철저히 관리하고 △군비부담을 줄이기 위해 가능한 한 전쟁을 피하며 △백성들의 풍요를 생각하고(그의 치세 동안 도로 항만 다리가 정비되고 나라안의 가옥 대부분이 새로 지어졌다) △음식 술 등에서 절제된 생활을 한다는 것.

흥미로운 사실은 조직개편과 제도 변경 등 혁신으로 불릴만한 조치를 거의 일으키지 않았다는 점이다. '제대로 돌아가기만 하면 그냥 놔두라.'는 게 신조였다. 정부 관료들 사이에서도 "최신 풍조를 내세우고 새로운 관습 도입을 주장하는 의견을 조심하라."는 글이 금과옥조였다. 정작 중요한 것은 조직이 아니라 사람이라는 것을 알았던 것이다.

엘리자베스 1세는 기존 제도의 효율을 높이기 위해 애썼다. 특히 의회와 관련된 일은 빈틈없이 준비해 재정과 입법에서 성공했다. 때

로는 아무 것도 하지 않는 게 올바른 행동임을 알고 있었다. 왕가에서 나서야 하는 일이 적으면 적을수록 좋다고 생각했으며, 특정 사상을 신봉하지도 않았다. 현실경험을 중시하는 보수주의자였던 셈이다.

그녀는 자신에게도 엄격했다. 첫번째 통치원칙으로 '절대 결혼하지 않는다.'를 내세운 것만 봐도 잘 알 수 있다. 당시에는 정략 결혼이 일반적인데 그러다보면 권력이 제한받고 통치가 영향을 받는다는 것. 유혹을 멀리하기위한 처절한 인내였다.

그녀의 치세동안 셰익스피어 같은 문장가가 나왔다. 드레이크 제독은 유럽 최강이던 스페인의 무적함대를 무찔렀다. 이를 계기로 조그마한 섬나라인 영국은 유럽 열강으로 굴기하는 힘을 축적할 수 있었다.

그의 총애를 받은 월터 롤리 경은 식민지 개척에 나서 미국 로어노크에 식민사업을 펼쳤다. 그는 여왕을 기려 식민지 일대를 버지니아(엘리자베스는 처녀여왕이란 뜻의 '버진 킹'으로 불림)라고 지었다. 버지니아주는 나중에 미 합중국 독립의 중심 역할을 했으며, 미국 초기의 대통령 10명중 7명을 배출하는 산실로 자리매김했다.

21
희미해져버린 코닥의 순간

● **사진**으로 남기고 싶은 인생의 소중한 순간을 '코닥의 순간Kodak moment'이라고 합니다.

사진산업 그 자체로 불리던 코닥의 전성기 시절 광고문구다. 124년 전인 1888년 '당신은 버튼만 누르세요. 나머지는 우리가 합니다(You press the button, we do the rest)'란 광고를 내보낸 곳도 코닥이다. 지금봐도 매우 세련된 표현으로 수많은 아류를 양산해냈다. 미국 보수층을 대변하는 폭스 뉴스는 '보도는 우리가, 판단은 여러분이(We report, You decide)'란 구호로 CNN의 15년 아성을 무너뜨렸다. 구호가 왠지 코닥의 광고 문구와 비슷하지 않은가.

코닥은 1980년대 베스트셀러였던 톰 피터스의 '초우량 기업의 조건'에도 당당히 이름을 올렸다. 이처럼 영광의 길을 걸었던 코닥이 2012년 1월 파산보호를 신청했다. 130년 역사는 온데간데없이 초

라한 몰골이다. 왜 그렇게 됐을까?

'뉴프런티어New Frontier'를 내세우며 미국인들에게 분발을 촉구했던 존 F 케네디 전 미국 대통령은 50년 전 이런 얘기를 했다. "이 시대는 창의력 혁신 상상력 그리고 결단력을 요구한다." 이 말은 50년이 지난 지금도 최고경영자, 경영학자, 정치인 등 입에서 반복되고 있다.

코닥은 창의력 혁신 상상력 부문에서 늘 선구자였다. 투자와 연구에 적극적이어서 세계적 수준인 질 좋은 특허를 엄청나게 보유했다. 보유 중인 특허 가치가 최소 30억 달러로, 기업 시가총액 대비 4~5배는 될 것이라는 얘기도 있다. 디지털 사진기술과 관련한 특허 출원도 1000건이 넘는 것으로 알려졌다. 코닥이 특허 로열티를 받는 업체만 30곳이 넘는다.

코닥은 그러나 케네디 대통령이 말한 덕목 중 '결단력' 부문에 문제가 있었다. 30여 년 전인 1975년 코닥은 세계 최초로 디지털 카메라 기술을 개발했다. 미래에 디지털 시대가 열릴 것도 알고 있었다. 그런데도 경영진은 앞으로 나아가지 않았다. 필름이 가져다준 달디 단 꿀맛에 취해 새로운 세계로 나아가기를 주저했다. 뒤늦게 잉크젯과 상업용 프린터 등에도 진출해봤지만 워낙 이문이 박한 분야인지라 회사에 돈을 벌어주지 못했다.

경영 실패에 따른 결과는 참혹했다. 20년 전 좋았던 시절 13만 명이던 종업원은 이제 1만 8800명 수준으로 줄었다. 코닥 본거지인 미국 로체스터에 위치한 로체스터 비즈니스스쿨의 지난해 랭킹은

45위(US뉴스 기준)였다. 지역 경제가 후퇴하다 보니 학교 랭킹도 10년 전 20위권 안팎에서 크게 뒷걸음질한 모습이다.

흥미로운 것은 코닥과 함께 필름시장을 양분했던 후지필름의 행보다. 사진 필름의 50%가 콜라겐이며, 후지필름은 70여년 동안 콜라겐을 연구해 사진변성을 막는 열화방지 기술을 축적했다.

흥미로운 사실은 인간 피부를 구성하는 단백질 역시 콜라겐이라는 점. 노화란 피부속 콜라겐이 줄어들어 피부가 처지고 주름이 생기는 것을 말하는데, 후지필름은 열화방지 기술을 피부 콜라겐 유지를 위한 화장품에 활용할 수 있었다. 또 사진의 색이 바라는 건은 자외선으로 인한 산화현상 때문인데 이는 피부도 마찬가지다.

결국 필름 산업과 화장품 산업은 매우 밀접한 연관성이 있었던 것. 후지필름은 새로운 사업분야로 화장품산업을 선정하고 2007년 9월 아스타리프트라는 기초 화장품 브랜드를 출시했다. 소비자들의 주목을 끌기 위해 '후지필름이 만든 화장품'이라고 선전했다. 화장품사업이 속해있는 후지필름 인포메이션 솔루션 사업부의 매출은 2010년 9174억 엔(12조여억 원)에 달했다. 반면 전통적인 핵심사업이던 필름사업의 매출은 전체의 3%까지 축소됐고 카메라 분야와 합쳐도 5조원에 미치지 못한다. 붕어빵에 붕어가 없듯이 후지필름에 필름이 없어졌다는 얘기다.

사람에게나 기업에 '기회'는 늘 온다. 이런 기회를 포착하고 변신하면 성공하는 것이고, 그렇지 않으면 밀려난다. 베틀 만드는 기업에서 자동차 기업으로 탈바꿈한 도요타, 개인용 컴퓨터를 과감히 버린 IBM 등은 변신 기회를 놓치지 않아 여전히 롱런 중이다.

'기회'란 무엇인지에 대해서는 그리스 신화에 나오는 기회의 신 '카이로스Kairos'가 잘 설명해준다.

> 내 앞머리가 무성한 것은 사람들이 금방 알아차리지 못하게 하기 위함이며, 뒷머리가 대머리인 이유는 한 번 놓치면 다시 붙잡지 못하도록 하기 위해서다. 기울어진 저울은 기회란 누구에게나 공평하게 오지 않는다는 의미다. 어깨와 발뒤꿈치에 날개가 달린 이유는 최대한 빨리 사라지기 위함이다.

티케Tyche라는 그리스 신화에 나오는 행복과 운명의 여신도 있다. 운명의 여신은 매울 심술궂고 난폭하지만 미리 준비하고 능력을 갈고 닦은 사람에게는 함부로 못하고, 준비되지 않은 사람만 골라 파멸시킨다고 한다.

22
상상력과 도전정신의 실종

● 소니(4년연속 적자), 파나소닉(7800억 엔 적자), 샤프(3760억 엔 적자), NEC(1000억 엔 적자), 닌텐도(650억 엔 적자).

'메이드 인 재팬'을 상징하던 일본 전자산업의 2011년 성적이다. 줄줄이 적자에 금액도 장난이 아니다. 손실이 워낙 크다 보니 생산감축, 공장폐쇄, 고용축소 등의 계획을 줄줄이 내놓는다. 기업들의 몸사리기에 경제가 나빠지고 이게 다시 기업의 나쁜 실적으로 이어지는 '악순환'의 기미도 보인다. 기업들은 "힘을 결집해 난국을 타개하겠다."고 발표하나 구체적인 청사진이 별로 없다.

산케이신문은 "전자업계가 총붕괴 상태"라고 잘라 표현했다. 이건희 삼성전자 회장이 2002년 1월13일 미국 라스베거스의 'CES(소비자가전쇼) 2012'에서 "일본은 힘이 좀 빠진 것 같다."고 한 발언을 일본 언론이 확인시켜 준 셈이다.

2012년는 전년에 비해 더욱 좋지 않았다. 샤프는 4500억 엔(6조 1000억 원) 적자를 예상하며 "기속기업으로서 중대한 의문이 발생했다."고 평가했다. 파나소닉은 2012 회계연도에 7650억 엔(10조 4천억 원)의 적자를 전망했다. 후지쓰와 도시바는 간신히 흑자를 보일 전망인데, 그 수준은 250억 엔과 1100억 엔으로 많지 않다. 급기야 국제 신용평가사인 피치는 2012년 11월 22일 소니와 파나소닉의 신용 등급을 '정크(투기 등급)'로 강등했다. 소니는 BBB-에서 BB-로 세 단계, 파나소닉은 BBB-에서 BB로 두 단계 낮추면서 향후 전망도 '부정적'으로 봤다. 샤프는 이보다 훨씬 먼저 투기등급인 'B-' 신세가 됐다.

일본 전자산업이 왜 이렇게 됐을까? 많은 전문가들은 기술적 우위와 시장점유율에 대한 맹신, 과거 영광에 집착하며 변화에 둔감해진 것, 엔고에 따른 가격경쟁력 상실 등을 꼽는다. 경영학 교수들은 "소비자 트렌드가 빠르게 변하는 IT업종에서 한번 타이밍을 놓치면 뼈를 깎는 노력이 뒷받침되지 않는 한 따라잡기가 쉽지 않다."고 설명한다.

하지만 일본 전자업체가 몰락의 길을 걷는 근본적인 이유는 일본 사회의 정체에서 찾아야 한다는 생각이 든다. 사회 전체를 강타한 쇠퇴의 기운이 드디어 기업에도 강하게 영향을 미친다는 얘기다.

요미우리신문은 2010년 연말을 맞아 일본 성인남녀를 대상으로 설문조사를 한다. 질문은 '다시 태어나도 일본인으로 태어나고 싶은가?'였다. 10명중 9명이 '그렇다.'고 답했다. 해외 여행 등 다양한 경험을 해봤더니, 그래도 세상에서 가장 살기 좋은 곳은 일본이었다는 얘기였다. 기후도 괜찮고 치안도 좋고 먹고 살기도 힘들지 않고… 이를 방증하듯, 해외근무가 필수적인 종합상사의 인기가 떨어지고 해외유학 붐도 시들해졌다. '일본에 살텐데 무슨 영어를 배워?'라는 생각이 확산되면서 최대규모인 노바NOVA를 포함해 많은 영어학원이 문을 닫았다. 최고급 두뇌들은 국내 영업에만 치중하는 금융업종 등에 몰렸다.

'성장이 안돼도 괜찮으니 안전한 일본이 좋다.'는 인식변화의 결과는 바로 일본의 경쟁력 저하로 이어졌다. 상상력과 도전정신이 부족해지니 '옛 영광스러운 재팬Old Glorious Japan'에서 한 발짝도 나가지 못했다. 일본 기업들도 '버블 경제' 시절 해외로 나갔다가 크게 데인 탓인지 국내에 안주하는 성향이 강해졌다. 한번 움츠러든 사람이나 기업이 다시 이를 반전시키기는 쉽지 않다. 정신적인 측면에서 '축소지향 일본인'이 됐다는 평가도 나온다.

일본 기업이 몰락하고 있는 것과 달리 한국 업체는 잘 나간다. 삼성, 현대차, LG 등의 제품은 세계 시장을 누비며, 막대한 이익을 창출해내고 있다. 그렇지만 이건희 회장의 발언에 나름 화가 난 일본 네티즌들이 지적했듯이 한국 경제에는 아직 그늘이 많다. △대기업 의존도가 높은 경제구조 △기초기술력 부족 △중소기업은 날개를 펼치지 못하는 현실 △일본의 부품과 기계가 없으면 만들지 못하는 제품 등을 예로 들 수 있다.

무엇보다 일본은 여전히 한국보다 국민소득도 훨씬 높고 기술도 뛰어난 선진국이다. 지금 잘 나가는 일부 대기업에서 '자만심' 같은 게 엿보인다는 데, 조금 잘 나간다고 우쭐대서는 곤란하다는 얘기다. 실제로 2012년 상반기 무역수지만 보더라도 한국의 대일본 무역적자는 130억 달러가 넘는다. 대부분 기초 소재와 부품을 사들일 수 밖에 없는 산업구조 탓이다.

한국 IT산업의 산증인인 윤종용 국가지식재산위원장(전 삼성전자 부회장)은 "나라가 풍요해지면 헝그리 정신이 사라진다. 요즘 젊은 이들을 만나면 역사책을 많이 보라고 조언한다. 역사를 알면 흐름이 보이고 통찰력이 생기기 때문이다."고 강조했다. 과연 한국의 미래 인재들은 국가와 기업경쟁력의 원천인 '상상력과 도전정신'이 있을까. 심각한 게임중독 현상, '아이돌'만 흉내내는 청소년, 학교공부에만 매달리는 성적 지상주의 등으로 볼 때 긍정적으로 답하기는 어려울 것 같다. 실제로 공무원이나 '신의 직장'으로 불리는 공기업만 취직하려는, 즉 '변화보다는 안정'을 우선시하는 풍조가 어제 오늘의 일도 아니지 않는가. 일본 전자산업의 추락과 같은 현상이 5년 후, 10년 후에 그대로 한국에 재현되지 않는다는 보장이 없다.

23
화무십일홍은 기억돼야

● 정크junk는 '쓰레기'를 뜻한다. 어원은 종크jonk이며 문서로 확인된 첫 시점은 1353년. 당시에는 선박 용어로 '낡은 밧줄old cable'을 뜻했다. 이러던 게 점차 쓸 만하지만 버려도 되는 물건이란 의미로 변했다. 옛 문서를 보면 정크란 단어는 배에서 나온 낡은 물건을 파는 가게junk shop에서 발견된다. 그러다가 결국 '쓸모없는 쓰레기'란 뜻으로 귀착된다.

정크는 현대에 들어서면서 크게 세 분야에서 쓰인다. 첫째 '정크 푸드'다. 패스트푸드와 인스턴트식품 등과 같이 열량은 높지만 필수 영양소가 부족한 식품을 통틀어 일컫는다. 정크 푸드를 먹으면 건강은 나빠지고 몸은 뚱뚱해지는 '정말 매력없는 사람'으로 변모하게 된다.

정크는 이메일에서도 사용된다. '정크 메일'은 '스팸 메일spam mail'

로도 불린다. 각종 인터넷과 PC통신망에서 이용자 의도와 관계없이 보내지는 수많은 상업성 전자메일을 뜻한다(스팸은 통조림으로 된 햄의 상품명인데, 광고 전단지를 무차별 배포한 판촉형태에서 나중에 스팸 메일이라는 명칭으로 진화됐다).

정크가 자주 사용되는 세 번째 분야는 채권시장이다. 정크본드는 '쓰레기 같은 채권'을 말한다. 신용등급이 워낙 낮아 정상적인 조건에서 회사채 발행이 불가능한 기업이 발행하는 회사채로 '고수익채권 또는 열등채' 등으로 불린다. 1980년대 '정크본드의 마술사'로 불렸던 마이클 밀켄이 하위등급 채권을 정크로 부른 데서 유래했다. 세계적 신용평가기관인 무디스는 신용등급 Ba1, S&P는 신용등급 BB 이하를 정크본드(투자부적격)로 분류한다.

2012년 4월 세계적인 기업 2곳이 정크본드 관련 뉴스에 등장했다. 국제신용평가기관 피치는 4월 24일 노키아 신용등급을 투자적격등급 중 가장 낮은 'BBB-'에서 투자부적격인 'BB+'로 떨어뜨렸다.

피치는 노키아의 전망도 '부정적'으로 판단했다. 14년 동안 출하량 기준으로 세계 1위를 지켜온 모바일의 절대강자 노키아의 치욕이었다. 핀란드의 '국민기업' 노키아가 첫 GSM 휴대전화인 '노키아 1011'을 내놓은 게 1992년이었으니 정확히 20년 만의 일이다. 그리 오래되지 않았다.

공교롭게도 같은 24일 피치는 미국 자동차업체 포드의 신용등급을 노키아와는 정반대로 'BB+'에서 'BBB-'로 올렸다. 수익성을 높이고 재무구조를 개선한 결과다. 포드가 정크본드에서 벗어난 건 7

년 만의 일이다.

노키아와 포드의 사례를 보면서 영광은 절대 오래가지 않는다는 사실을 새삼 느끼게 된다. 화무십일홍花無十日紅이며, 도덕경의 '화혜복지소의 복혜화지소복禍兮福之所倚 福兮禍之所伏(화와 복은 서로 의지하고 있어 복 속에 화가 숨어 있다.)'가 정확히 맞는 표현이다. 돈을 많이 버는 경영인들이 늘 '위기'를 외치는 것이 엄살은 아닌 셈이다.

서양역사의 원류인 로마는 북아프리카의 카르타고를 점령하면서 대제국으로 올라선다. 카르타고를 불태우면서 역사 속으로 묻어버린 인물이 푸블리우스 코르넬리우스 스키피오 장군이다. 그는 불타는 카르타고를 보며 울었다. 유명한 '스키피오의 눈물'인데, 이는 언젠가 로마도 멸망하면서 카르타고처럼 불에 탈 운명을 예감했기 때문이다.

기술과 트렌드가 예측할 수 없을 만큼 빨리 변하는 글로벌 경쟁 시스템에서 수많은 유명기업들이 역사의 뒤안길로 사라졌다. '정크' 딱지가 붙은 노키아도 그렇게 될지 모른다.

이를 보면서, 현재 세계시장에서 잘 나가는 한국 기업들이 오랫동안 아니 영원히 '정크 운명'을 맞지 않았으면 하는 바람뿐이다.

24

세계 최고의 기업 환경

● **현대기아차의** 약진은 세계 자동차시장에서 최대 화두중 하나다. 품질과 가격 모두 높은 평가를 받고 있다. 2012년 1분기의 글로벌시장 점유율은 8%로 새로 팔린 차 12대중 1대는 현대기아차란 얘기다. 2012년 11월 미국 소비자 고발단체인 '컨슈머와치독'의 고발로 13개 모델의 연비 과장광고를 지적당했지만 그래도 약진을 계속할 것임은 분명해 보인다.

한국이 이처럼 자동차 강국으로 부상한 비결은 무엇일까? 자동차산업연구소에 좋은 차를 생산하는데 필요한 10가지 요소를 물어봤다. 연구소측은 좋은 자동차가 나오기 위해서는 생산인프라(4가지), 양질의 인력(3가지), 시장환경 적응(3가지) 측면에서 여러 요건이 필요하다고 분석했다.

생산인프라로는 △우수한 기술력과 노하우 △꾸준한 품질관리 △

효율적인 생산체제 △안정적인 부품공급이 꼽혔다. 특히 자동차는 2만여개 이상의 부품이 사용되는 종합기계이므로 협력사와의 유기적 협조가 중요하다는 것. 동시에 수백만 대의 차량 한대 한대가 고객의 생명과 직결된다는 측면에서 세심한 관리가 필요한 것으로 지적했다.

인력부문에서는 △분야별 우수한 인재 △직원들의 프로의식 △조직간의 유기적입 협조 부분이 꼽았다. 한국인들의 근면성과 두뇌의 우수함을 볼 때 자동차 부문에서 충분히 경쟁력을 지닐 수 있다는 것.

시장환경에 적응한다는 것은 △고객 중심의 사고방식 △현실에 안주하지 않는 끊임없는 개선 의지 △최신 트렌드 파악 등으로 얘기될 수 있다.

어렇게 분석해볼 때 현대기아차의 약진은 스스로의 엄청난 노력 덕분이지만, 한국의 전체적인 수준이 올라간 데 따른 덕을 본 측면도 간과할 수 없다. 실제로 경제구조가 후진적인 나라에서는 자동차를 만들고 싶어도 그렇게 하지 못한다. 그래서 였던가. 1995년 출범한 삼성자동차가 외환위기 속에서 퇴출될 때 삼성의 임원은 이렇게 외치며 반발했다고 한다. "기술도 뛰어나고 우수한 인재도 많다. 자동차 만드는 데 한국만큼 좋은 여건을 갖춘 곳도 없다. 그런데 왜 그만두라고 하는가?"

자동차산업의 발전 요건에서 봤듯이 한국이 세계 최고 수준인게 의외로 많다. 은행에 돈을 넣거나 빼내는 프로세스, 즉 금융결제망은 세계 최고수준이다. 한국만큼 빨리 금융업무가 이뤄지는 선진국은 거의 없다. 인터넷도 초고속이라서 IT환경이 좋다. 물은 값도 싸거니와 품질도 매우 좋다. 그래서인지 '돈을 물쓰듯 한다'는 표현까지 있다. 수돗물에 대한 불신이 있어서 그렇지 그냥 먹는다고 배탈나는 경우는 거의 없지 않은가.

대중교통요금도 선진국에 비하면 매우 낮다. 여기에 의료보험 체제도 잘돼 있다. 미국같은 나라에 살아보면 알지만 감기 한번 걸렸다고 병원을 잘못 찾았다가는 수백 달러 낼 각오를 해야 한다.

여기에 전기료도 선진국과 비해 상대적으로 낮다. 석유나 석탄 등을 전량 수입해 전기를 만들어내는 특성을 감안해도 한국의 전기료가 비싼 편은 아니다. 전기 품질도 매우 뛰어난 것으로 평가된다(지난해 9월 발생한 정전사태로 주무 장관이 경질됐는데, 이는 워낙 정전이 없던 데 따른 반사적 충격 때문이었다).

한국의 기업환경은 어떨까? 지난해 세계은행의 기업환경평가에서 한국의 순위는 8위였다. 한국사람들은 늘 스트레스를 받으며 살아간다. 학창시절이나 직장시절이나 은퇴 후에나 늘 경쟁 속에서 아등바등 지낸다. 그러다 보니 불만투성이다. 기업도 마찬가지다(실제로 100% 만족은 없고, 불만 속에서 발전이 있다).

하지만 한 TV프로그램에 나온 표현처럼 '감사합니다.' 대상이 의외로 많다. '전기료 인상'을 놓고 정부와 재계가 의견대립을 보이는 와중에서 주변의 고마운 존재을 한번 생각해봤다.

25
생산성과 경영효율

● **농업혁명**, 산업혁명, IT혁명. 인류 문명의 발전단계를 크게 높인 획기적인 사건들이다.

대략 1만 년전 인류는 곡물 재배와 가축 사육에 성공하면서 농업혁명을 이뤄냈다. 정착생활과 식량 축정이 가능해지면서 사회와 국가가 형성될 수 있었고, 인류의 문명은 급속도로 발전한다. 18세기말 산업혁명은 새로운 동력과 기계의 도입을 의미했으며, 영국을 '세계의 공장'으로 만들었다. 20세기 후반에 일어난 IT혁명은 정보와 지식이 중심이 되는 산업구조를 창출해냈다.

문명사를 수놓은 일련의 사건들이 혁명으로 불린 이유는 자명하다. 생산성을 이전에 비헤 크게 높였기 때문이다. 생산성은 생산의 효율을 나타내는 지표로, 지출된 비용에 대한 성과의 비율이다. 대표적인 지표로 노동생산성이 있다. 대략 노동시간 한 시간당 생산물의 화폐가치로 측정된다.

　생산성이 향상되면 그 사회의 부가 증가한다. 인플레이션이 없는 성장을 이뤄낼 수 있다. 반면 생산성이 높아지지 않으면 궁극적인 측면에서 사회 발전이 어렵다. 선진국과 후진국의 차이는 곧 생산성의 차이라고 말할 수 있다. 실제로 생산성 증가율 1.4%와 2.3%의 차이는 매우 크다. 전자는 생활수준이 2배로 오르는 데 50년이 걸린다는 것이고, 후자는 25년이 걸린다는 얘기다.

　경제개발협력기구OECD의 생산성을 보면 각국의 차이가 엿보인다. 유럽연합의 문제아인 그리스의 경우 2008년부터 4년간 노동생산성이 해마다 떨어졌다. 생산성이 오르지 않으니 사회의 부가 쌓일 여지가 없었다. 이탈리아는 2001년부터 지난해까지 11년동안 노동생산성이 겨우 1.3% 오르는 데 그쳤다. 스페인의 경우 2001년 이후 11년간 생산성이 12.6% 상승했다.

　물론 경제가 고도로 발전한 국가일수록 생산성을 추가적으로 높이기는 어렵다. 2001년 이후 독일은 12%, 일본은 15% 가량 노동생산성이 올랐다. 미국은 같은 기간 22%의 노동생산성 증가율을 보여 돋보였다.

　한국은 그동안 노동생산성 측면에서 괄목할만한 성과를 보였다. 1991년 이후 2011년까지 160%, 2001년 이후로만 따져도 54%나 향상됐다. 문제는 최근 들어 생산성이 조금씩 낮아진다는 점이다. 2011년의 경우 1.8% 증가에 그쳤다.

　주목해야할 점은 생산성은 노동만의 함수가 아니라 자본과 자원이 모두 결합되는 복합 함수라는 사실이다. 다양한 생산요소가 효율적으로 결합돼야 하기 때문이다. 예컨대 사회를 떠받치고 있는 각종 인프라 즉 교통, 수송, 통신, 에너지, 수자원, 금융, 교육 등이 모두 유기적으로 연결돼야 한다. 사회의 법과 제도도 굉장히 중요하다. '1+1은 2 이상'이 되도록 만드는 사회구조에서 생산성이 높아질 수 있다. 사회 분위기가 투자를 가로막게 되면 생산성은 떨어질 수 밖에 없고, 그 결과 사회의 성장 파이는 더 이상 커지지 않게 된다.

2012년 상반기중 기업(상장회사 기준)들의 시설투자가 전년동기대비 70% 가량 줄어든 것으로 나타났다. 불황으로 인해 그 후에도 계속 줄어들고 있다. 이는 한국의 생산성을 크게 떨어뜨리는 요인으로 작용할게 분명하다. 대선정국에 온통 정신이 팔려 있는 상황에서 소리없이 나타나는 생산성 저하가 한국의 경제활력을 크게 떨어뜨리지 않을 까 우려된다.

에디슨이 실용적인 전구를 발명한게 1879년이다. 그로부터 40년 후 미국의 대부분 산업현장에서 전구가 활용됐고, 미국의 생산성은 급격히 높아지며 세계 경제를 제패했다(유럽은 미국보다 훨씬 늦었다). 미국의 생산성을 높인 '전구'처럼 한국의 생산성을 계속 높여줄 '전구'같은 존재가 절실히 필요한 시점이다.

26

가이젠과 패비아니즘

● **일본을** 대표했던 IT업계는 갈수록 비실비실하다. IT업계에 필수적인 반짝이는 아이디어도 없고, 혁신의 의지도 부족하기 때문이다. 반면 자동차업계에서 일본의 위력은 과거만큼 아니지만 여전한 위상을 자랑한다. 도요타는 2010년 1월 미국에서 가속페달 결함 차량 230만 대를 리콜하면서 어려움을 겪었으나 2년이 지나서는 완연하게 회복하는 모습을 보였다. 대단한 저력을 보인 셈이다.

도요타의 힘은 가이젠kaizen, 改善에서 나왔다. 일본어에서 나온 영어 가이젠은 미국의 경영학계나 재계에서 보통명사로 쓰이는 경영용어다. 비효율을 없애려는 일본 기업들의 유난스러운 노력을 담기 위해 미국인들이 일본어를 차용했다. 이러한 가이젠의 발상지는 바로 도요타 자동차. 경쟁업체들로부터 '마른 걸레도 또 짜는 경영'이라는 평가를 받는 가이젠의 핵심은 생산시스템의 군살을 없애는 것.

도요타 종업원들의 '개선 제안'은 한해에 수십만 건에 달한다.

특히 가이젠에서 돋보이는 철학은 끊임없이 계속되는 혁신과 변화의 노력이다. 예컨대 도요타가 얘기하는 7가지 낭비 유형이 있는데 바로 △초과생산 △일손의 낭비 △운송에서의 낭비 △가공 자체에서의 낭비 △재고로 인한 낭비 △조작에서의 낭비 △불량품 생산으로 인한 낭비가 여기에 해당한다.

오늘에 안주하지 않는 가이젠이 모여 여전히 일본 제조업체 특히 도요타의 경쟁력을 세계 최고수준으로 유지시키고 있는 셈이다. 실제로 나고야 인근의 주부 국제공항 건설이나 일본우정공사, 방위청과 후지쓰 등의 자재조달이나 공정관리 등 곳곳에서 도요타의 가이젠은 발견된다.

서구사회에도 가이젠과 비슷한 철학이 오래전부터 있어왔다. 패비안주의Fabianism가 바로 그것이다.

로마와 카르타고가 국가의 운명을 걸고 싸운 포에니 전쟁에서 로마의 장군 패비우스는 카르타고의 용장 한니발과 맞섰다. 그는 전략적으로 한니발과 건곤일척의 승부를 벌이지 않고 싸우다가 패하면 퇴각하고, 싸우다가 다시 패하면 퇴각하는 전략으로 한니발의 전력을 약화시켜 로마 구출이란 목적을 달성한다. 그에게는 '겁쟁이'라는 비아냥도 감내하는 인내가 있었기에 궁극적으로 승전 장군이 됐다.

이러한 패비우스의 전략은 19세기 영국에서 부활했다. 혁명적인 방법으로 일거에 사회개혁을 도모하려는 움직임에 대해 지식인들이 '점진적인 사회개혁'을 주장하면서 만든 모임의 명칭을 패비우스에서 따온 것이다. 패비언협회Fabian society와 여기서 나온 패비안주의는 곧 '점진적 사회개량'을 뜻하는 보통명사로 변한다. 서구사회의 발전은 이처럼 한걸음씩 사회를 개선하려는 노력에서 비롯된 것이다.

1990년대 세계 컴퓨터업계에서 강자로 떠오른 델Dell에서도 이러한 철학이 엿보인다. 델에서는 현상유지status quo는 결코 좋지 않다는 믿음이 있다. 성공이 있더라도 칭찬은 5초이고 곧바로 5시간의 더 나은 개선을 위한 노력이 뒤따라야한다. 이는 초효율적인 제조업체와 공급자로서 델의 위상을 세웠다. 델은 특히 비즈니스 프로세스에서 가진 특허가 많다. 예컨대 소프트웨어 개발을 18개 과정으로 분리해 52개의 목표와 300여개의 실천규범을 설정해 놓기도 했다. 그래서 경쟁업체들은 델을 보고 '볼 수 있고 이해할 수 있으나 따라할 수는 없다.'라고 평가했다.

한국사회에서는 개혁이 끊임없이 화두다. 그러나 대부분 일거에 뒤집는 외곬수 성정만 있을 뿐 국가나 기업에 꼭 필요한 끊임없는 개선 노력은 미흡한 것 같다. 국가나 공장시스템의 도처에 널려있는 비효율을 없애고 쓸데없이 돈이 새는 것만 막아도 국가나 기업 경영이 확실히 좋아지는 데 이를 간과하고 '큰 건' 하나에만 집착하는 것이다.

세계 최고의 경쟁력을 자랑하는 독일 자동차업계의 한 경영자가 영국인으로부터 최고의 품질을 유지하는 비결에 대한 질문을 받았다. 그러자 그는 "영국의 잔디가 세계 최고인 것은 100년이 넘도록 끊임없이 손질하고 가꿨기 때문입니다. 저희도 마찬가지 입니다."라고 답했다.

27

결혼과 인수합병의 공통점

● **추억의** 명화 '졸업(The Graduate, 1967)'은 결혼식 장면으로 오랫동안 기억된다. 주인공 벤자민(더스틴 호프만)이 면사포를 쓰고 결혼서약을 하려는 일레인(캐서린 로스)의 이름을 외친 후 손을 잡은채 결혼식장을 빠져나가는 장면은 수많은 패러디를 낳았다. 마지막 장면에서 그들은 결혼식장을 나와 때마침 지나가던 버스를 세워 올라타고 멀리 사라진다.

여기서 흥미롭게 봐야 할 대목은 버스에 올라탄 청춘남녀의 표정. 사랑해서 함께 떠나지만 미래는 불안하고 불확실하다는 것을 의미하 듯, 그들의 얼굴에서는 행복감과 불안감이 동시에 나타난다. 결혼은 행복의 연속이 아니라, 생활의 연속이며 행복과 불행이 하루에도 수십차례 교차한다는 사실을 암시하는 듯 하다.

기업의 인수합병M&A은 결혼에 비유된다. 잘하면 천생연분이지만,

삐끗하면 평생원수고 아예 파멸로 가는 경우도 허다하다. 컨설팅업체들도 여기에 대해서는 헷갈리기 일쑤다. 인수합병을 부추기는 경향이 강한 곳도 있고, 가급적 하지 말라고 조언하는 곳도 있다. 각자의 논리를 들어보면 나름 설득력이 있다. 하지만 전반적으로 보면 이득보다는 손실을 가져다주는 인수합병이 많았다는 분석이 많다.

미국 경제전문매체인 마켓와치는 2012년이 저무는 시점에서 최근 10년간 이뤄진 것 가운데 '최악의 M&A 10선'을 소개했다.

반도체업체인 AMD는 리더십 부재로 인해 인텔과 경쟁에서 크게 밀렸다. 특히 인텔이 컴퓨터칩CPU은 물론 그래픽칩GU도 강화하고 나서자 2006년 GPU 전문업체 ATI를 54억 달러에 인수했다. 결과는 대실패였고 어느 것 하나 제대로 되는 게 없었다. 인수 당시 주당 20달러이던 주가는 2012년말 2달러 아래로 떨어졌고, 시가총액은 13억 달러에 불과하다.

통신업체 알카텔과 루슨트테크놀러지의 결합은 총체적 재난으로 꼽힌다. 1898년 설립된 프랑스의 알카텔은 M&A를 통해 덩치를 키웠다. 1990년대 들어서 세계시장 점유율 1위에 올라섰으며 2006년 3위인 루슨트와 합쳤다. 알카텔은 그후 정부와 기업 등에 기술과 네트워킹을 제공할 것으로 기대됐으나, 결과는 끊임없이 반복되는 구조조정과 인력감축이었다. 주가는 90% 하락해 1달러 이하 수준이 됐다.

알파내추럴리소스와 매시에너지는 2011년 1월 한집 살림으로 합쳤다. 85억 달러 규모의 합병에서 탄생한 기업의 지분율을 보면 알파의 지분율은 54%, 매시는 46%였다. 하지만 미국의 반석탄 정책 등에 영향받아 경영실적은 매우 나빠져 합병 당시 50달러이던 알파의 주가는 2012년말 7달러 수준으로 하락했다.

2008년 금융위기 이후 BoA와 메릴린치가 합쳤을 때 시장은 공룡 탄생에 환호했다. 하지만 여전히 모기지 부실을 떨어내고 각종 소송에 대응하느라 고생길을 걷고 있다. BoA의 명성은 이제 웰스파고나 JP모건체이스에 뒤처져 있다.

의료기기업체인 보스턴사이언티픽은 2006년 심장의료기기 제조업체인 가이던트를 인수하기위해 270억 달러 이상을 지불했다. 당시 존슨앤존슨을 제쳤다며 좋아했으나 얼마 지나지 않아 '승자의 저주'에 빠졌다. 잘못된 경영과 제품 결함 등으로 고생을 하면서 M&A 이후 45달러까지 치솟았던 주가는 5달러 수준으로 떨어졌고 시장가치는 72억 달러 내외다(건설업체를 인수했다가 고생한 국내 대기업들이 연상되는 대목이다).

월마트에 밀린 시어스와 K마트의 결합은 '문제아+문제아'로 판명이 나고 있다. 2005년 합병했으나 줄곧 시너지를 내거나 새로운 가치를 창출하는 데 실패했으며, 월마트와 타깃 등 동종업계 강자와 경쟁에서도 형편없이 밀렸다.

웬디스는 미국 3위의 패스트푸드업체로 2005년 다른 햄버거 체인인 아비스와 합병했다. 문제는 경기침체로 합병 타이밍이 좋지 않은 상태에서 통합작업으로 고생을 했다는 것. 그 와중에 맥도날드가 시장을 장악했다는 사실이다. 웬디스는 결국 2011년 6월 아비스 주식을 정리했으며, 2012년말 기준으로 17억 달러 내외의 시장가치만을 보이고 있다. 그밖에 마이크로소프트와 아콴티브, 스프린트와 넥스텔, 시만텍과 베리타스 등의 합병도 최악으로 평가받았다.

미국내에 한정되긴 하지만 2011년 8월 인수한 검색엔진 전문업체 오토노미의 분식회계로 인해 88억 달러를 손실 처리한 휴렛패커드도 M&A 분야에서는 대표적인 불명예업체로 이름을 올릴 듯싶다.

행복한 결혼은 결혼식 이후의 생활에 의해 좌우된다. 부부가 틈만 나면 싸운다거나 상대방 배려를 하지 못하면 파탄으로 이어진다. 합병도 마찬가지다.

일반적으로 합병의 사후관리 요소로는 비전, 리더십, 성장, 초기의 가시적 성과, 기업문화의 융합, 커뮤니케이션, 위험(리스크) 관리 등이 꼽힌다. 이러한 요소중 한두가지만 빠져도 합병이 성공하지 못한다는 것. A.T. 커니의 조사에 의하면 M&A의 58%가 계약이 성사된 후에 결과적으로 실패였다고 평가받고 있다. 실제로 합병에서 범하는 최대의 실수는 종업원들에 합병의 목적이나 의도를 정확하게 알려주지 않고 커뮤니케이션에 소홀히 하는 것이다. 성장으로의 인센티브나 미래에 대한 전략 없이 무조건 비용절감을 강조하는 것도 문제다. 합병으로 1 더하기 1이 2 이상이 돼야 하는데 그렇지 못한 경우도 많다. '결혼은 제2의 탄생'이라는 말처럼 '합병도 제 2의 탄생'인데, 그 길은 생각만큼 쉽지 않다. 미모만 보는 결혼은 거의 백발백중 실패하는 것처럼.

28

윤리와 인센티브의 부조화

● **미국** 경영학석사^{MBA} 과정은 최고경영자의 산실로 불린다. 21세기 들어 MBA과정에서 각광받는 커리큘럼중 하나가 '비즈니스 윤리' 과목. 여기서는 경영자로서 지녀야 할 덕목과 실천방안을 가르치고, 학생들은 토론과정을 거쳐 직접 체득하게 한다. 현장 실습에는 악덕 경영자들이 실형을 받고 갇혀있는 교도소를 직접 방문하는 시간이 포함돼있다. 마치 '백문이 불여일견^{百聞 不如一見}'이라는 얘기처럼 초등학교 학생도 알 수 있는 도덕 교육을 실시하는 셈이다.

많은 미국 기업들은 '뇌물이나 타당하지 않은 접대를 받을 때 즉시 해고된다.'는 윤리강령 내용이 등을 담은 핸드북을 사원들에게 교육시킨다. 시장경제주의의 산실이며 세계 각국에 이를 전파하는 미국에서 왜 이런 일이 벌어졌을까?

비즈니스 윤리가 강조되도록 만든 1등 공신은 엔론이었다. 엔론은 1985년 휴스턴내추럴가스와 인터노스의 합병으로 탄생한 기업. 천연가스 전기 등을 거래했던 엔론은 미국과 유럽 거래량의 20%를 담당했다. 2000년 당시 총자산은 655억 달러, 매출액은 1008억 달러였다. 포춘은 1996년부터 6년 연속 미국의 가장 혁신적인 회사로 엔론을 선정했다가 나중에 대망신을 당했다. 실제로 엔론의 내면을 들여다보니 수년간 차입에 의한 무리한 사업확장으로 막대한 손실을 입었고 이를 분식회계를 통해 감춘 것으로 나타났다. 그 와중에 경영진은 어마어마한 연봉과 보너스로 호사를 누렸다. 엔론은 결국 스캔들로 인해 주가가 90달러에서 30센트로 떨어졌고, 2001년 12월2일에 파산신청을 해야했다.

하지만 엔론이 끝은 아니었다. 2003년은 미국 자본주의 역사에서 '수치의 한 해'로 기록된다. 무선통신업체인 스프린트의 빌 에스레이 회장이 스톡옵션 행사를 통해 세금을 탈루한 혐의를 받았다. 의료서비스업체인 헬스사우스의 최고경영자 리처드 스쿠러시가 14억 달러 이상의 분식 회계혐의로 기소됐다. 주부생활의 질을 높였다는 평가를 받았던 마사 스튜어트가 보유중인 주식의 내부자거래혐의로 기소되기도 했다. 탁월한 합병기법으로 타이코를 950억달러 규모의 회사로 성장시킨 데니스 코즐로스키 회장 겸 CEO도 회사 자금 6억 달러를 횡령한 혐의로 법정에 섰다. 뉴욕증권거래소^{NYSE} 말단 사원에서 출발해 36년 만에 회장 자리까지 오른 리처드 그라소도 수년간의 총봉급이 1억 8800만 달러에 이르는 천문학적 규모로 밝혀진

뒤 반강제적으로 사임했다.

그렇다면 그 후에는 나아졌을 까. 전혀 아니다. 2008년 금융 위기 때 미국의 금융회사들은 정부에 대거 구제금융을 신청했다. 금융시스템 붕괴를 막아야했던 미 정부는 세금을 동원했다. 가까스로 살아난 금융회사의 경영진들은 얼마 지나지 않아 과거는 까맣게 잊은 채 보너스 챙기기에 바빴다. 2008년 12월 미국 나스닥증권거래소 회장을 지낸 버나드 매도프는 폰지 사기 혐의로 체포됐다. 1960년 자신의 이름을 딴 증권사 버나드매도프를 설립한 뒤 20년 가까이 신규 투자자의 돈으로 기존 투자자에게 수익을 지급하는 방식으로 최대 650억 달러에 달하는 미국 역사상 최대 규모의 폰지 사기극을 벌였다(폰지란 용어는 1920년 다단계 금융사기를 벌였던 찰스 폰지라는 사기꾼의 이름에서 유래했다).

시장경제의 모범국인 미국에서 이처럼 스캔들이 그치지 않는 것은 '이익극대화와 주가 지상주의' 때문. 미국 CEO는 해마다 시장평균수익률을 능가하는 실적을 주주에게 선사해야만 자리도 보전하고 스톡옵션 등 막대한 보수를 챙길 수 있다. 반면에 주어진 기간중 권한은 막강하다. 그러다보니 불법 여부를 가리지 않고 단기실적을 올리는 데 올인하는 경영 행태가 판을 치고 있는 것이다.

이러한 부정부패의 연속은 시장에 대한 투자자의 신뢰를 잃게 하는 법. 미국 기업들은 이에 따라 경영을 감독하는 이사회 회장과 직접 경영하는 최고경영자를 분리하는 방안을 도모했다. 신뢰회복과 경영 투명성을 확보하기위해 경영진의 역할분담과 상호견제의 필요성을 인식했던 것이다.

그러나 자본주의 작동엔진으로 '인센티브'가 자리잡고 있는 한 최고경영진의 탈선은 근절되지 않을 것으로 보인다.

그레고리 맨큐 하버드대 교수는 자신의 경제학 교과서에서 "경제란 사람들이 살아가면서 상호작용하는 것이다. 사람들은 인센티브에 반응한다."고 적었다. 스티븐 레빗과 스티븐 더브너 등 '괴짜경제학Freakonomics'의 저자들도 "인센티브는 현대 삶의 초석이고, 경제학은 본질적으로 인센티브를 연구하는 학문"이라고 설명했다. 경제학의 태동기에는 보이지 않았던 인센티브라는 단어는 제2차 세계대전 당시 처음 선보이더니 이제는 일상적인 단어가 됐다.

특히 인센티브는 자연발생적으로 생기지 않으며 정치가, 최고경영자, 학자, 부모 등이 만들어야 생긴다. 그래서 나온 단어가 '인센티바이즈incentivize(인센티브화하다)'이다. 스티븐 레빗과 스티븐 더브너는 이와 관련 "경제학은 단순히 도덕적으로 거래하지 않는다. 도덕은 우리가 세상을 움직이고 싶은 방식을 가리키고, 경제학은 세상이 실제로 작용하는 방식을 말한다."고 얘기했다. 인센티브와 도덕이 양립하는 게 정말 어렵다는 것이다.

'좋은 기업에서 위대한 기업으로'라는 베스트셀러를 쓴 짐 콜린스는 경영인의 궁극적인 모델을 다음과 같이 얘기했다. '직업적인 의지와 개인적인 겸양을 동시에 지닌 인물'이 바로 그것이다. 경영 능력과 도덕적 책무를 동시에 갖춘 경영자만이 회사의 장기적 발전을 도모할 수 있다는 의미다.

하지만 늘 이익을 위해 노심초사해야하는 경영자들에게 성인군자
와 같은 행실을 기대하기는 어려운 일. 그나마 도덕적으로 행동하기
위해 노력하는 자세만이라도 갖췄다면 거기에 박수를 보내야하는
게 현실인 것 같다.

29

잘라파고스 일본

● **소니와** 게이단렌. 2012년 6월 일본에서 화제가 된 뉴스의 주인공이다. 소니 주가는 32년만에 1000엔 이하로 떨어졌다. 일본 재계를 대표하는 게이단렌은 새로운 경제단체의 발족으로 인해 명성과 위신에 큰 상처를 입었다. '산업대국 일본'의 상징이었던 이들은 무엇 때문에 추락했을까.

결론부터 얘기하면 과거 찬란했던 영광의 그늘에서 너무 오랫동안 갇혀 있었기 때문이라고 생각된다. 새로운 세계를 보지 못했거나 아니면 새로운 세계로 가기를 꺼렸다는 얘기다. 이런 측면에서 피터 드러커의 "혁신이란 새로운 방법이 아니라, 새로운 세계관을 의미한다."는 말은 참 적절했다고 여겨진다.

소니부터 보자. 1979년 탄생한 소니의 워크맨은 당시 젊은이들이 가장 갖고 싶어했던 아이템이었다. 젊은이들은 워크맨을 들으며 시챗말로 '간지난다(폼난다)'라는 얘기를 들을 수 있었다. 소니의 혁신과 기술이 고스란히 반영된 이 제품은 2010년까지 무려 2억 2000만대가 팔려 나갔다.

소니는 1990년대부터 약간씩 길을 잃어간다. 가장 큰 문제는 기술의 대명사인 소니가 기술을 버렸다는 점. 높은 브랜드 가치에만 안주하다가 경쟁사보다 먼저 신제품을 개발하는 데 실패했고, 이렇다 할 히트 제품도 내지 못했다. 리스크를 감내하면서 제품을 개발하려는 용감함이 사라진 탓이다. 대표 제품군이었던 TV부문에서는 삼성전자에 완전히 밀려 10년 째 적자 행진을 보이고 있다. 여기에 음악·영화·금융 등 사업다각화를 무리하게 진행한 것으로 부담으로 작용했다. 경영진도 제대로 방향을 잡지 못하고 우왕좌왕하는 모습이다.

그러다보니 소니 주가는 1980년 8월 이후 32년만에 1000엔 이하로 떨어졌다. 시가총액은 1조 엔(15조 원). 전성기였던 2000년 당시 시가총액과 비교해 10분의 1에 불과하다. 삼성전자 시가총액(177조 원)의 8% 수준이다. 2012년 4월 구원투수로 투입된 히라이 가즈오 사장은 직원의 6%인 1만명을 감원하고, 화학과 액정패널 등 수익성 없는 사업을 정리하며, 모바일기기, 게임, 콘텐츠, 디지털카메라 등에 역량을 집중한다고 밝혔다. 문제는 그의 말이 실천으로 이어지고 그게 성과로 나타날때까지는 엄청난 고통이 수반되고 상당한 시일이 걸릴 수 밖에 없다는 사실이다.

소니와 함께 뉴스를 장식한 게이단렌은 일본 재계를 상징하는 곳이었다. '일본경제의 기적'을 주도해온 자민당이 1955년 탄생할 때 주요 원동력이 되기도 했다. 게이단렌은 수출 일본의 구심점으로서 수출 제조대기업을 중심으로 운영돼왔다. 전통을 중시하다보니 새로운 업종의 목소리를 충분히 반영하지 못했다. 게이단렌이 자기혁신을 못하다보니 당연히 불만의 목소리가 높아졌다.

대표적인게 2012년 6월1일 발족한 '신경제연맹(신케이렌)'이다. 신케이렌은 라쿠텐과 사이버에이전트 등 일본 IT기업을 중심으로 779개사가 참여했다. 첫 대표는 2011년 6월 게이단렌을 탈퇴한 라쿠텐의 미키타니 히로시 사장이 맡았다. 신케이렌은 출범하면서 일반의 약품 인터넷 판매규제 개혁, 인터넷을 활용한 신산업 육성과 정치참여 활성화 방안 등 기존 게이단렌에서는 찾기 힘들었던 정책 대안을 제시하고 나섰다.

신케이렌에 앞서 2012년 초에는 최대 식품 유통체인인 라이프의 주도로 식품·유통 업체와 소비자단체들이 참여한 '소비자단체연합회(세이단렌)'가 출범하기도 했다. 올 3월에는 일본의 대표 제약사인 다케다제약의 하세가와 야스치카 사장이 게이단렌 부회장직을 고사하고 소규모 단체인 경제동우회 대표간사에 취임하기도 했다.

게이단렌의 회장은 대체로 연령이 70~80대로서 전통 대기업의 회장이 맡는다. 현 회장인 요네쿠라 히로마사米倉弘昌 스미토모화학 회장은 최고 명문인 도쿄대 법대 출신에 현재 75세다. 국제통으로서 지혜와 경륜을 갖춘 것으로 평가받는다. 하지만 노령인 만큼 '열정, 패기, 도전'과는 아무래도 어울리지 않은듯 하다.

일본에 대해 설명하는 단어가 잘라파고스다. 일본Japan과 갈라파고스Galapagos의 합성어로 1990년대 이후 일본의 제조업 특히 IT산업을 일컫는 현상이다. 남태평양의 갈라파고스 제도가 육지로부터 고립돼 고유한 생태계가 만들어진 것처럼, 일본도 세계시장의 추세와 동떨어진 채 자신들만의 표준화를 좇다가 고립을 차조했음을 뜻한다. 특히 일본 IT산업은 일본시장에 특화된 독자적인 기술과 서비스, 제품을 발전시킴으로써 국제표준과 세계 시장의 흐름과 어긋난 방향으로 갔다(한국도 아이폰이 나오기전까지 자체 기술을 고집하면서 흐름에 뒤처지다가, 간신히 스마트폰 부문에서 애플을 따라잡았다).

일본 올림푸스의 회계부정을 문제삼다가 취임 2주만에 해임된 마이클 우드퍼드 전 올림푸스 최고경영자는 '폭로Exposure, 올림푸스 스캔들의 내막'이라는 칼럼에서 일본 기업의 문제점으로 △왜곡된 충성심 △외부인사에 폐쇄적인 이사회 △현실안주 등을 꼽았다. 이사회는 물론 주주나 언론도 문제에 대해 함구하고, 비판적인 인사를 이사회 임원으로 선임하기를 꺼려하며, 현실에 안주하는 경영진이 '창조적 파괴'나 공격적인 인수합병 등에 나서지 않는다는 것이다.

소니와 게이단렌으로 대표되는 일본의 추락은 리더십의 구루인 워렌 베니스의 얘기를 떠올리게 한다.

경영을 외부와의 경쟁으로 보는 것은 위험천만한 발상이다. 기업의 경쟁은 타인과의 싸움이 아니라 자신과의 싸움이다.

30

감원경영의 그림자를 보라

● **감원이** 다시 유행어로 등장하고 있다. 국내외에서 대기업들이 인력을 줄인다는 뉴스가 줄을 잇고 있다. '감원=경쟁력 강화'라는 인식이 강해서인지 기업의 감원 소식이 들리면 반응은 상당히 긍정적으로 나온다.

2012년이 저무는 시점에서 조선업계 세계 1위인 현대중공업, 철강산업의 대명사인 포스코, 수익 하락을 보이고 있는 금융회사 등에서 구조조정 얘기를 꺼내놓고 있다.

기업들의 감원 명분은 불확실한 경제 여건에서 핵심 부문에 역량을 집중하고 재무구조를 개선한다는 것. 그러나 불황때 무조건적인 감원이 능사가 아님은 90년대초 이미 입증된바 있다.

당시 신경영 조류로 각광받았던 개념은 리스트럭처링과 리엔지니어링. 기업들은 사업재구축을 통해 체질을 바꿔 경쟁력을 강화한다는 명분을 내걸고 이를 받아 들였고, 컨설턴트들도 한 목소리로 이러한 분위기를 부추겼다. 특히 한국과 일본에서 리스트럭처링에 대한 인식은 경영 합리화 사업의 축소나 철수, 인원삭감 등의 의미로 사용됐다. 잉여인력을 솎아내야 체질이 개선돼 매출확대와 수익극대화가 이뤄질 수 있다는 믿음에서였다.

그러나 유행병처럼 번졌던 이같은 경영 신조류는 금방 자취를 감췄다. 감원이 △종업원의 기업에 대한 열의와 충성도 저하 △종업원의 지식과 노하우 상실 △중간관리자 상실에 따른 지식과 정보흐름의 단절 즉 '기업 치매' △조직의 응집력 약화 등을 불러 일으키면서 '지속가능한 성장'에 걸림돌으로 작용한 탓이다. 미국 GE의 잭 웰치도 단순한 감원이 아닌 '전 직원이 참여하는 문화혁명'을 주창하며 워크아웃을 진행, 경영의 귀재라는 소리를 들었다.

물론 미국에서는 인력감축 없는 구조조정 계획은 이사회나 금융권의 지원을 받지 못한다. 내리막길의 기업이 전환점Turning Point을 찾기위해서는 감원이 필수불가결한 요소가 되는 게 대부분이다.

그러나 한국과 일본은 새뮤얼 헌팅턴이 지적한 대로 유교문화에 토대를 둔 자본주의 국가다. '나'보다 '우리'라고 하는 집단을 우선시하는 문화가 강하다. 여기에 서구식 시스템과 모델을 적용하면 기존 기업 구성원의 업무능력까지 약화시킬 수 있다. 자칫 감원과 명예퇴직이 기업의 약점을 노출시키고 성장기반을 잠식시킬 수 있다는 얘기다.

짐 콜린스가 지은 '좋은 기업에서 위대한 기업으로Good to Great'에

서 선정한 월그린, 웰스 파고 등 11개 기업을 보면 어려운 시절에도
감원이 거의 없었다. 이 같은 감원 외중에 일부 업체들이 '인위적인
구조조정은 없다'고 선언했는 데, 그러한 결단은 박수를 받을 만하다.

31
불확실성과 시나리오

● 경영인의 최대 관심사는 앞으로 어떻게 하면 돈을 벌 수 있을까 입니다. 과거를 분석하는 것은 관심 없어요.

한 중견 기업인의 설명이다. 그러면서 확실한 게 아무 것도 없어 기업하기 정말 어렵다는 게 그의 고백이었다.

그의 표현처럼 한국 경제를 둘러싼 변수는 늘 예측이 거의 불가능할 정도로 급변해왔다. 환율은 미국 행정부의 '달러 약세' 선호로 원, 엔화값이 상승하다가 최근 한국, 일본 중앙은행의 개입으로 주춤하는 추세다. 그러다보니 원화 절상이 얼마동안 어디까지 갈지 예측하기 어렵다. 그러다보니 현실에 기초해 미래를 정확히 설명해주는 시나리오를 갈망한다.

시나리오 분석에 의한 경영은 이 같은 불확실성하에서도 지속적인 안정 경영을 도모하는 차원에서 모색됐다. 여기서 시나리오란 '단순한 예측이 아니라 미래를 사고하고 이해하려는 과정'이다. 미국의 랜드 코퍼레이션에서 이 시나리오를 처음 사용한 허먼 칸은 "일상적인 프로세스와 결정적인 시점에 집중할 목적으로 만든 가설적인 결과가 바로 시나리오."라고 얘기했다(랜드 코퍼레이션은 1938년에 미공군의 원조로 설립된 미국 최초의 싱크탱크임).

시나리오의 설정 기간은 단기부터 25년, 50년까지 다양하게 설정될 수 있다. 그 기간중에 경제, 기술, 인구통계, 지역, 정치 요소가 미래에 어떻게 펼쳐질 지를 여러 가지 다른 과정으로 구성, 혹시 발생할지도 모를 위협이나 기회 등을 고려해 위험에 대비한다는 것이다.

시나리오 경영의 대표적 사례는 영국과 네덜란드의 다국적 석유 메이저 로열더치셸. 셸은 1967년 이미 '2000년'이란 프로그램을 만들어 정치 경제 사회 발전에 따른 미래 시나리오를 구성했다. 이 시나리오는 단순한 계획이 아니라 프로세스를 관리하고, 결과를 잘 활용하자는 의도에서 마련됐다. 특히 셸의 글로벌 시나리오는 매 4년마다 기획팀에서 준비됐으며, 여기에는 향후 20년간의 두가지 상반된 시나리오가 포함됐다.

1984-2005년 시나리오중 '차세대 흐름next wave'시나리오는 빠른 기술발전과 고성장이 이뤄지면서 동시에 산유국의 파워 증가와 석유, 가스, 전기에 대한 경쟁이 더 치열해질 것을 예상했다.

반면에 정반대 시나리오는 세계적인 보호무역주의와 규제 등으로 국가간 장벽이 높아지면서 성장을 둔화 시키고 기술발전을 더디게 한다는 것. 이는 낮은 유가를 유발하며 유럽 경제는 정체되고 아시아태평양 지역은 발전하는 모습을 보이게 된다는 게 주 내용이다.

셸의 시나리오는 단순한 예측이 아니라 얼마나 다양한 변수가 미래 에너지 환경을 형성할 것인가에 대해 조심스럽게 진단한다는 데 기반을 두고 있다. 특히 시나리오의 진정한 가치는 경영자들이 미래를 생각함으로써 유연하게 대처하도록 한다는 것이었다.

실제로 1984년에 셸은 모든 전문가들이 배럴당 28달러를 당연시하는 시점에서 배럴당 15달러의 시나리오를 갖고 있었다. 유가가 86년 4월에 배럴당 10달러까지 떨어졌을 때 다른 메이저 석유회사들보다 훨씬 쉽고 빠르게 대응할 수 있었다.

셸의 사례는 불확실한 세계에서 준비된 시나리오만이 경쟁사보다 하루라도 빨리 변화에 적응할 수 있음을 의미한다. 예컨대 원화환율유가의 상승과 하락으로 4가지 시나리오를 만들 수 있으며, 여기에 국내 정치적 변수까지 감안하면 8가지 시나리오가 된다. 각각의 시나리오별로 기업 최고경영진과 중간관리자, 종업원이 각각 해야할 일이 무언인지를 미리 마련해둔다면 급변하는 경영환경에도 남보다 냉철하고 현명하게 대응할 수 있을 게 분명하다.

32
리스크테이커에게 박수를

● **비즈니스의** 성공과 실패 확률은 똑같다. 실패하면 거액을 잃는다. 성공하면 실패할 때 잃는 돈의 2배를 번다. 당신이라면 이런 비즈니스를 하겠는가?

대기업의 임원 25명에게 물었다. 임원들은 단 한명도 해당 비즈니스에 뛰어들려고 하지 않았다. 다시 CEO에게 의견을 구했다. 그는 망설임없이 "나는 임원들이 모두 그 위험을 수용하기를 바랍니다."고 답했다. 이는 '넛지Nudge'의 저자인 리처드 탈러의 경험이다.

개별 사업부서를 책임진 임원들은 어지간한 위험은 수용하지 않으려고 한다. 실패하는 순간 직장을 잃고 실직자가 될 가능성이 매우 높기 때문이다. 반면 CEO의 입장에서 볼 때 모든 임원들이 위 사례와 같은 비즈니스를 수용하게 되면, 성공확률이 2배나 높은 비즈니스의 '통계적 집합'에 의해 회사 전체로는 이익을 볼 가능성이 높다. 당연히 여러 비즈니스의 '리스크-테이킹risk-taking'에 나서게 된다.

돈의 액수로만 볼 때 한 사람이 10만 원을 잃고 다시 10만 원을 벌면 본전이다. 하지만 심리적인 가치로 따지면 대부분 손실로 나타난다. 사람들은 돈을 잃었을 때의 고통을 만회하려면, 그보다 대체로 2배는 벌어야한다고 생각하기 때문이다. 이를 '손실 회피율loss aversion ratio'라고 하는 데 여러가지 실험 결과 그 숫자는 '1.5~2.5배' 정도로 나타나고 있다.

문제는 이러한 위험회피가 개인적으로 현명한 선택일지 몰라도 국가경제 전체로는 '마이너스'라는 사실이다. 역사를 돌이켜봐도 '리스크-테이킹'과 '위험 회피'의 차이는 극명하게 나타난다.

서구문명이 오늘날 세계를 호령하게 된 것은 '대항해 시대'부터다. 그렇다면 대항해 시대의 위험도는 얼마였을까. 처음으로 세계 일주를 한 마젤란이 1519년 배 5척과 100명이 넘는 선원들로 항해를 시작했다. 3년후 포르투갈로 돌아왔을 때 남은 것은 배 1척과 18명의 선원이었다(마젤란도 필리핀서 사망했다). 이들 '리스크-테어커'들이 대양을 누빈 대표적인 결과물이 바로 중남미에서 사용되는 스페인어와 포르투갈어(브라질)다.

대영제국의 기초를 닦은 인물 중에 프랜시스 드레이크가 있다. 그는 어려서부터 해적활동에 주력했고, 약탈한 재물을 엘리자베스 1세에 헌상하면서 '왕의 해적'이 되고 '경卿'의 칭호를 받았다(해적질은 당시 초고위험-초고수익의 대표적 업종이었다). 그는 1579년 대항해에 올라 마젤란함대에 이어 두번째로 세계 일주를 성공시킨 주인공이 됐다. 바다를 사랑한 그는 말년에 카리브해에서 해적질을 하다가 사망했는데, 그를 본받은 후예들이 후세에 대영제국을 건설했다.

국내 기업에서도 '리스크'를 감수한 기업들은 성장했고, 현실에 안주한 기업들은 점차 쇠퇴하거나 사라졌다. 삼성이 창업 초기의 섬유(제일합섬)와 무역(삼성물산) 등에만 머물렀다면, 현대가 건설 분야만 계속 했더라면 오늘날 글로벌 기업으로 올라서지는 못했을 것이다.

그래서인지 우리 국민들에게 존경하는 기업인을 꼽으라면 대부분 이병철, 정주영 등을 거론한다. 김우중 전 대우회장을 꼽는 이들도 있다. 특이한 것은 '리스크 회피'를 금과옥조로 삼는 금융인들이 거의 없다는 사실. 금융업계 종사자들이 들으면 싫어하겠지만, 역시 역사는 '리스크-테이커'들만 기억한다.

최근 대기업 임원을 만났더니 "글로벌 불황이 10년은 간다더라."고 분위기를 전했다. 교역으로 먹고 사는 한국으로서는 심히 걱정되는 부분이다. 이렇게 불확실한 시점을 돌파할 인물은 역시 진정한 기업가정신을 지닌 '리스크-테이커'들 밖에 없다. 경제민주화니 공정거래니 하면서 입만 움직이는 인사들이 기업인들을 심히 옥죄는 한국의 정치·사회적 분위기에서 이들의 출현은 더욱 절실하다.

● 김응용 한화이글스 감독. 71세 노장의 현장 복귀에 프로야구계가 환영 일색이다. '코끼리 감독'의 카리스마와 지혜에 대한 갈망이 그만큼 컸다고 볼 수 있겠다. '단기 실적'에 얽매이는 젊은 감독들의 '좀팽이 야구'에 대한 실망도 작용한 듯 하다.

역사는 '세대 교체'의 연속이다. 국가나 기업이나 마찬가지다. 아무리 뛰어난 인물도 자신의 시간이 지나가면 뒷전으로 물러날 수밖에 없다. 그래서인지 발전을 위한 '젊은 피'의 중요성은 늘 강조된다. 하지만 정제되지 않은 젊음의 패기는 오히려 독毒으로 작용하는 경우가 많다. 국가나 기업의 경쟁력을 밑에서부터 갉아먹는다는 얘기다.

'엉뚱 발랄한 아이디어'로 명성이 높은 A카드의 고위간부층에는 외부에서 영입된 젊은 인재들이 참 많다. CEO가 워낙 MBA나 컨설팅업체 출신들을 선호한 탓이다. 재미있는 사실은 이들 외부출신들이 대체로 '연봉 더 주는 데 있으면 언제든지 옮긴다.'는 생각을 한다는 것. 실제로 이직률도 꽤 높다. 40대 초반 차장에 30대 후반 팀장, 부장 형태로 근무하다보니, 팀웍도 좋지 않고 애사심이 높은 공채 출신들의 근로의욕이 저하되기 일쑤다. 기존에 있던 멤버들은 '회사가 어려워지면 누가 제일 먼저 떠날까. 굽은 나무가 선산을 지킨다는데…'라며 자조하는 분위기다. 해당 CEO는 이를 아는 지 모르겠다.

국내 굴지의 그룹에서는 한때 '글로벌 스탠더드'가 중요하다며 외국계 기업 출신의 젊은 인재를 대거 뽑았다. 문제는 이들이 한국 문화를 잘 이해하지 못해 상하 임직원들과 제대로 소통이 이뤄지지 않았다는 것. '조직'에 녹아들지도 못한 상황에서, 정계와 정부 등 외부와의 인적 네트워크 구축도 약해졌다. 그룹은 나중에 상당한 대가를 치러야 했다. 그들이 주로 공부한 미국 사회에서도 '네트워킹'은 매우 중시되는 데, 젊은 인재들은 이를 잘 몰랐다.

최근 재무적 어려움을 겪는 모 기업의 CFO(최고재무책임자)는 30대 중반의 한 컨설팅업체 출신이었다. 그는 33세에 CFO가 됐다가 최근 부도가 나느냐 마느냐의 상황에 몰리자 회사를 그만뒀다. 3년 동안 잘 지내다가 폭풍우가 몰아치자 가장 먼저 배를 내린 셈이다.

많은 CEO들은 영어 잘하고 프리젠테이션 잘하는 젊은 인재에게 쉽게 꽂힌다. 새로운 어휘와 그래프가 경쟁력 그 자체로 인식돼기도 한다. 이들을 중용하다보니 늘 익숙했던 존재, 즉 기존 조직의 인력은 평가절하된다. 오랫동안 조직에서 갈고 닦은 경륜과 지혜(특히 암묵지)가 무시되는 것이다.

젊음이 필요한 분야는 많다. 작곡가 말러는 제자인 쇤베르크가 난해한 표현주의 음악을 들고 오자 "젊으니까, 자네가 옳다."라는 유명한 말을 남겼다. 쇤베르크는 현대 음악의 선구자가 됐다. 실제로 예술이나 IT, 과학 등 수많은 분야에서 새로운 시대는 젊음이 열었다. 팡팡 튀는 아이디어가 어느덧 주류가 되는 현상을 늘 본다.

하지만 국가 통치나 기업 경영처럼 큰 조직을 다루는 일은 젊음으로만 해결되는 게 아니다. 고대 로마의 문인이자 정치인 키케로는 "큰 일은 민첩함이나 신체의 기민함이 아니라 계획과 명망 및 판단력에 의해 이뤄진다."며 장년과 노년의 지혜를 찬양했다.

요즘 국내에서 가장 잘 나가는 삼성과 현대차의 경우 외부 젊은 인력의 수혈이 많지 않다. 수많은 CEO들은 대부분 내부에서 육성된 인사들이다. 오랫동안 가꿔지고 다듬어져온 인재들이 지혜를 발휘해 글로벌 경쟁력을 만들어가고 있는 것. 김응용 감독의 귀환을 계기로, 나름 우쭐대는 젊은이들이 '노마지지老馬之智'라는 단어를 한번쯤 생각해봤으면 싶다. 단, 노욕만 가득한 정치인은 제외하고…

경영에서 경계태세란

● **2012년** 대선에 나섰다가 야권 단일화 과정에서 중도 포기한 안철수 교수의 사퇴 기자회견에 '백의종군'이라는 표현이 있다. 백의종군이란 모든 직책을 버리고 말 그대로 아무런 감투없이 책임만 다한다는 의미다.

백의종군의 대명사는 이순신 장군이다.

임진왜란 당시 모함을 받아 벼슬을 빼앗기고 계급없이 전쟁터에 나갔던 것. 흥미롭게도 이순신 장군의 백의종군은 임진왜란 때가 처음이 아니다. 특히 첫 사례에서는 자칫 참수를 당할뻔 했다. 이유는 '경계 실패'였다.

시기는 임진왜란 5년 전인 선조 20년(1587년) 가을. 조선의 최북단 변방인 녹둔도鹿屯島의 둔전 농사는 풍년이었다. 경흥부사 이경록과 조산만호 이순신(당시 43세)은 병사들을 지휘해 추수에 나섰다. 경계가 잠시 느슨해진 틈을 타 야인(여진족)들이 기습공격을 해왔다. 책루를 지키던 수장 오형과 임경번 등 조선군사 11명이 전사하고 군민 160명이 잡혀갔다.

이경록과 이순신은 반격에 나서 적 3명을 베고 50여 명을 구출해왔다. 하지만 경계실패는 엄연한 사실. 북병사 이일은 이 사건의 책임을 물어 이순신을 참수하려 했으나 조정은 백의종군해 공을 세워 속죄하도록 명했다. (이순신 장군은 이듬해 녹둔도 보복전에서 큰 공을 세우고 명예를 되찾는다)

2012년 하반기 유행어중 하나가 '노크 귀순'이었다. 귀순하던 북한군 병사가 군부대의 문을 두드릴때까지 얼빠진 군인들이 몰랐다는 게 대체적인 사건 전말이다. 논쟁이 한창인 사건을 놓고 왈가왈부할 생각은 없다. 그렇더라도 맥아더 장군의 '작전에 실패한 지휘관은 용서할 수 있어도, 경계에 실패한 지휘관은 용서할 수 없다'는 명언이 생각나는 대목이다.

'경계 실패'는 기업에도 적용된다. 경영의 구루인 피터 드러커가 "1870년경 현대적 대규모 기업이 등장할 때 참고할만한 대규모 조직아라고는 프러시아(독일) 군대 뿐이었다."는 말처럼, 군대와 기업 조직은 너무 닮았다. 전략과 전술 등 많은 경영 용어도 군대에서 빌려왔다.

그렇다면 기업에서 '경계 실패'란 무엇일까?

변화하는 세상을 그저 넋을 놓고 바라보는 게 아닐까 생각된다. 새로운 기술이 나오고 새로운 산업이 태동하고 있는데도, 과거의 영광만 생각하고 안주하는 행태가 여기에 해당한다.

실제로 1950년대 국내 100대 기업 가운데 2012년 현재에도 100대 그룹에 포함된 기업은 7개에 불과하다는 연구가 있다. 미국 100대 기업 가운데 100년 동안 자리를 지킨 곳은 GE 하나뿐이라는 사실도 잘 알려져 있다.

그래서일까? 가장 나쁜 임직원은 두 부류가 있다는 얘기가 있다. 시키는 일도 제대로 못하는 부류와 로보트처럼 시키는 일만 하는 부류. 이들은 결국 변화의 흐름에 동참하기보다는 멍하니 이를 바라보는 사람이라고 할 수 있겠다. 물론 여기에서 오너나 최고경영자도 예외일 수 없다.

현명한 경영자들은 이를 알기에 늘 위기를 강조한다. 최근 최고의 성과를 내는 삼성의 이건희 회장이나 현대차의 정몽구 회장의 발언을 보면 키워드는 늘 '위기' 혹은 '미래'다. 일부에서는 잘 나갈때 너무 그런다며 '협박 경영'이라고 폄하하기도 한다. 그렇지만 사실상 늘 긴장하는 그런 자세가 오늘날 두 기업을 글로벌 반열에 오르게 한 원동력임은 부인할 수 없다.

일본에서 빠징꼬 사업으로 거대한 부를 쌓은 한창우 마루한 회장은 '평생 헝그리정신, 도전의식, 위기감, 긴장감 네가지를 품고 살았다.'고 얘기했다. 매출 33조 원을 올리는 82세 백전노장은 그러면서 2020년까지 60조 원 매출을 목표료 한다는 비전을 제시하기도 했다.

IBM의 전설적인 경영자인 토머스 왓슨 2세의 얘기는 언제봐도 정확하다.

개인이나 기업도 마찬가지다. 성공에 도달했다고 믿는 순간 더 이상의 진보는 기대할 수 없다.

IV

정치는
경제이며
경영이다

35
정치, Risk or Danger?

● **2012년은** 정치의 한 해로 꼽힐만했다. 정초부터 만나는 기업인이나 사업가 모두 총선과 대선 전망을 묻는다. 총선에서는 여당이 이길지 야당이 이길지가 관심사였고 총선 공천을 누가 받고, 어떤 후보끼리 대결하게 되는가도 관심사였다. 결과는 여당인 새누리당의 승리였다.

총선이 끝나기가 무섭게 대선이 화두가 됐다. 대선에서는 야당 후보가 누가 될지가 끝까지 주목을 받았고, 여당 후보인 박근혜의 당선 여부가 화젯거리였다. 그러면서 기업인들은 마지막에 꼭 한 문장으로 끝맺음을 하곤 했다. "정치 리스크가 커서 참 경영하기가 힘들어요."라고…

비즈니스계의 불만이 높을 만도 하다. 정치권이 모두 '표票'에 눈이 멀어 마구잡이로 각종 정책을 쏟아냈기 때문이다. 특히 기존 정책을 뒤짚는 일도 다반사로 벌어졌다. 추후 법으로 확정돼 시행으로 이어질 지는 미지수지만, 기업인으로서는 결과에 이르기까지 불확실성을 가져야 한다는 점에서 매우 짜증스러운 정치 일정이었다(심리학적으로 사람들은 웬만하면 모르는 일에 뛰어들기보다 확률이 분명한 도박을 선택한다. 모호성을 기피하는 것이다). 국회를 통과한 한미 FTA의 폐기 가능성을 언급하고, 과거와의 단절도 얘기하는 등 유권자들의 귀를 잡으려는 발언이 연일 이어졌다. 1년 내내 애매모호하기 그지없는 경제민주화가 정치판을 휩쓸었다.

다만 여기서 비즈니스계도 약간 착각하는게 있는듯하다. '정치 리스크'라는 표현이 그것이다.

리스크risk의 어원에 대해서는 여러가지 설이 있다. 아랍어로 '위험한 일을 하여 이익을 얻다.'라는 얘기도 있고, 이탈리아어로 '용기를 갖고 도전하다riscare'라는 설도 있으며, 라틴어로 '절벽 사이로 배가 위태롭게 지나가다resicum'에서 비롯되는 설명도 있다. 어찌됐던 '어떤 이익을 얻을 가능성이 있는 위험'을 의미한다. '리스크 테이킹risk taking'이란 말이 있는 데, 이는 투자를 했을 때 이익을 볼 수도 있고 손해도 볼 수 있는 상황을 뜻한다.

그렇다면 현재 정치권의 움직임을 '정치 리스크'라고 볼 수 있을까. 아무리 생각해도 그건 아닌듯 싶다. 정치권의 행위 하나하나가 기업에게 손실을 끼칠 지언정 보탬이 되지는 않아 보이기 때문이다. 그래서 영어식으로 표현하면 '정치 리스크'는 '정치 데인저danger'라고 얘기할 수 있을 것이다. 무조건 손실이나 손해가 되기 때문이다.

동양적인 사상의 측면에서 좋은 정치란 '무위無爲와 청정淸淨의 정치'다. 이는 노자의 정치론인데 "무위하면 백성은 스스로 교화된다. 청정하면 백성은 스스로 정도를 걷는다."라고 표현된다. 여기서 무위란 '아무 것도 하지 않는다.'는 뜻이 아니다. 무위와 청정의 정치는 '지시와 금령은 가능한 자제하고, 백성에게 부담을 주는 정책은 실행하지 않는다. 가급적 나라의 개입을 피하고 백성의 힘에 맡긴다.'로 해석된다.

이를 굳이 현대사회에 적용해 본다면 기업인들이 늘 강조하는 자본주의의 원칙 '시장자율에 맡기되 부당한 편법과 불공정을 규제하라.'정도가 아닐까 싶다. 이런 측면에서 기업인들은 외부적으로 정치권을 향해 '진정 위험한dangerous 일은 하지 말라'고 요구하는 게 필요하다. 정치권이 그런 목소리에 크게 귀를 기울이지는 않겠지만 말이다.

기업인들은 또 내부적으로는 '위험danger 리스트'를 만들어보는 것도 좋은 방책일 것으로 생각된다. 최소한 기업 활동을 갉아먹는 요인에 대해서 '리스크와 데인저의 구분'은 있어야 예기치 않은 위험에 피해를 최소화할 수 있기 때문이다. 정확한 개념의 정립은 올바른 결정의 바탕이다.

36

정치는 생활이다

● **정치의** 빅 이벤트는 역시 총선과 대선이다. 총선을 통해 입법 기능을 담당하는 국회가 구성되고, 대선을 통해 행정을 담당하는 대통령 중심의 행정부가 만들어진다. 즉 대한민국을 움직이는 권력을 창출하는 프로세스가 총선과 대선이다.

그 중 하나인 '4 · 11 총선'을 놓고 뒷말도 무성하다. '막말 심판'이 '정권 심판'을 눌렀다느니, 야권 '공천 파동'이 자충수였다는 등 다양한 분석도 나온다.

야권 패배에는 젊은 20대의 무관심도 한 요인이 됐다는 얘기가 있다. 18대 총선보다는 높다지만 그래도 투표율 54.3%를 보면 '정치는 나 하고 아무 상관이 없어.'라고 생각하는 사람이 꽤 많음을 짐작할 수 있다.

그래서 정치라는 단어를 다시 사전에서 찾아봤다. 살펴보니 '국민이 인간다운 삶을 영위하게 하고, 상호 이해를 조정하며, 사회 질서를 바로잡는 따위의 역할을 한다.'고 되어 있다. 풀이만 놓고 보면 국민 생활 곳곳에 정치가 스며들게 되어 있다는 얘기다. 보이지 않지만 우리 삶에 필수적인 공기와도 같은 존재라고나 할까?

'정치 혐오증'을 가진 사람들은 대부분 '(정치보다) 경제가 중요해.'라고 얘기한다. 하지만 경제를 학문으로 정립시킨 애덤 스미스나 데이비드 리카도 등은 경제학을 얘기할 때 '정치 경제Political Economy'라고 썼다. '경제학Economics'이 아니었다. 이러던 게 한국에서는 이데올로기적인 성격이 가미되고 '정치경제학=좌파경제학'이란 도식으로 연결되면서 '정치 경제'라는 본래의 의미가 퇴색했다. 미국 출신 경제학자들은 수리나 통계 등을 활용하는 게 경제학의 본류인 것처럼 확대 재생산하기도 했다.

그렇다고 정치 경제가 현실 속에서 사라진 걸까. 그건 아니다. 우리 생활에 크게 영향을 미치는 경제 관련 각종 법률이 국회의 정치를 통한 입법 과정에서 모두 만들어지는 게 단적인 예다. 그리스 철학자인 아리스토텔레스는 폴리스(Politics 어원, 공적 영역)와 오이코스(Economics 어원, 사적 영역)를 구분했다지만 정치와 경제는 자동차 바퀴와 같은 존재다. 절대 혼자서는 굴러갈 수 없다.

'정치 혐오증'을 지닌 사람도 '사내 정치'라는 얘기는 많이 들어봤을 것이다. 특히 회사 내 인사철이 되면 '인생은 운칠기삼運七技三'에 빗대어 '승진은 줄칠줄삼'이란 말도 나돈다. 줄을 잘 서야 올라간다는 것. 과거 모 공기관 최고경영자에 대해 '정실 인사'를 비판했더니

"원래 인사는 정실이야."라는 답변을 들은 적도 있다.

사내 정치란 대체로 '내 존재가치, 내 필요성을 상대에게 각인시키는 행위'로 묘사된다. 나한테 우호적인 사람을 많이 확보해야 한다는 얘기다. 데일 카네기는 이를 완곡하게 "성공의 85%는 대인관계로 만들어진다."고 표현했지만 직설적으로 얘기하면 "혼자서 열심히 일한 당신은 떠나라."가 바로 사내 정치의 핵심이 아닌가 싶다. 사람과 살아가는 것, 즉 조직원을 다독이고 성과를 내는 경영이 바로 정치이기 때문이다. 혼자서 마구 튀다가는 주변이 온통 썰렁해지게 변할 수 있다.

정치는 사생활에서도 적용된다. 부부관계나 부모·자식관계, 연인관계도 모두 정치로 해석이 가능하다. 흔히 남녀관계를 놓고 '밀당(밀고 당기기) 게임'이라고 얘기하는데 이는 협상을 요체로 하는 정치의 연속이다.

정치는 생활이다. '정치의 포기'는 '삶의 포기'와 직결된다. 정치라는 단어를 혐오할수록 사회의 중심에서 멀어지고, 발전도 더딜 수밖에 없다.

37
문제는 산수야!

● **공약**은 요물^{妖物} 같은 존재다. 정치적 성공을 안겨주면서 동시에 갚아야 할 부채로 남기 때문이다.

특히 공약이 특정 계층이나 지역을 목표로 만들어졌을 때는 반드시 뒤탈이 생긴다. 빈말로 판명날 때는 미래 이익을 기대했던 집단이 강력히 반발하고, 공약을 제시한 정치인은 가장 중요한 신의를 잃게 된다. 그래서 정치인은 공약을 만들 때 너무 구체적인 부분을 언급하지 않는 게 좋다. 오죽하면 훌륭한 정치인이란 '공약^{公約}을 큰 탈 없이 공약^{空約}으로 만드는 사람'이라는 얘기가 있을 정도다.

2011년 영남지역 여론을 양분시킨 '동남권 신공항'은 공약이 필히 지켜야 할 원칙을 어겼다. 명칭 자체에서 보듯이 권역만 제시했을 뿐 지역을 특정하지 않다 보니 일찌감치 '갈등과 불행을 부를 수 있는 공약'이었는데도 진지한 고민이 없었다. 툭 던지다 보니 뒤탈이 단단히 난 꼴이다. 역대 정권이 겪었던 잘못에서 하나도 배우지 못했다.

김영삼 전 대통령은 농민계층을 겨냥해 '쌀 수입개방 절대 불가'를 내세웠다가 지키지 못했다. 당연히 농민 반발이 거세게 일었다. 김대중 전 대통령도 농민 표심을 얻기 위해 농가부채 탕감을 약속했다가 결국 불발탄으로 판명났고, 전국적인 농민 시위만 불러일으켰다.

노무현 정부에서는 행정수도 이전 문제가 나왔다. 충청권이라는 지역이 맞물려 있다 보니 국론 분열만 일으켰고, 이명박 정부까지 그 문제가 이어졌다. 결국 세종시 이전은 국회의 힘에 의해 예정대로 추진됐고, 2012년 말부터 총리실과 기획재정부, 국토해양부 등이 차례대로 이사했다.

이명박 대통령 공약 중 특정 지역·계층을 겨냥한 대표적인 공약이 '동남권 신공항(영남권)' '과학비즈니스벨트(충청권)' '반값 등록금(대학생 학부모)' 등이다. 이런 공약은 주메뉴가 아니라 양념이었는데도 지역·계층 이익과 맞물리다 보니 점점 커져버렸고 해결도 힘들어졌다.

'화합과 희망의 메시지를 담은 공약'은 지켜지지 않아도 큰 문제가 되지 않았다. 지역이나 계층 이해관계가 걸려 있지 않기 때문이다.

'중간평가(노태우 전 대통령)' '깨끗한 정부(김영삼 전 대통령)' '내각제 개헌(김대중 전 대통령)' '250만개 일자리 창출(노무현 전 대통령)' 등은 금방 허언으로 판명났는데도 국민적 반발이 거의 없었다. 이명박 정부가 출범 초기 거창하게 내걸었던 '747 공약(7% 성장률, 국민소득

4만달러, 세계 7대 강국)'을 지키지 않았다고 나무라는 사람도 없고, 기억하는 사람도 거의 없지 않은가.

'결혼수당 1억원, 출산수당 3000만원, 60세 이상 노인수당 70만원, 수학능력시험 폐지…' 2007년 대선 때 허경영 후보가 내세운 다소 생뚱맞은 공약들이다. 실현 가능성이 워낙 떨어지다 보니 많은 국민에게 웃음을 선사했다. 차라리 이런 공약들이 갈등과 불행을 야기하는 공약보다 낫다고 본다.

정치에서 '정政'은 본래 정복한 땅에 살던 사람들을 채찍으로 때려 무거운 세금을 부과하는 것을 뜻했다. 원래 뜻이 부정적 개념이다 보니 후대 학자들이 '올바르게 만드는 행위'라고 재해석했다고 김근 서강대 교수는 설명한다.

미국의 클린턴 전 대통령은 2012년 미국 대선에서 '문제는 산수야!It's arithmetic'라는 문장을 유행시켰다. 그러면서, 오바마가 미국 자동차산업 구조조정을 통해 25개 일자리를 만드는 동안 상대방인 밋 롬니 공화당 후보는 일자리를 하나도 만들지 못했다고 비난했다. 그러면서 롬니의 각종 공약이 충분한 예산 확보도 뒷받침되지 못한채 나왔다고 지적했다. 공약에는 반드시 이를 뒷받침할 돈(예산)이 필요함을 강조한 것. 클린턴은 20년전 아버지 부시와 대선에서 붙었을 때 길이 남을 명언 "It's the economy, stupid(문제는 경제야, 바보야)"를 남겼다.

클린턴 전 대통령이 여러가지 스캔들을 일으켰음에도 불구하고 높은 인기를 누린 것은 개인적인 매력도 있었지만 이처럼 실질적인 정책 공약을 통해 미국 경제를 제대로 이끌었기 때문이다.

● **학창** 시절 필독서중 하나로 '열린 사회와 그 적들'이 있다. 칼 포퍼가 1938년 히틀러의 오스트리아 침공 소식을 듣고, 망명지인 뉴질랜드에서 집필하기 시작해 1945년 출간했다. 그는 책을 통해 열린 사회야말로 인류가 살아 남을 수 있는 유일한 사회라며, 열린 사회란 개인주의적인 사회이자 부분적인 개혁을 시도하는 점진주의적 사회라고 정의했다. 그러면서 전체론, 역사적 법칙론, 유토피아주의 등을 비판했다. 그의 비판 대상에는 플라톤 헤겔 마르크스 등이 포함됐다. 포퍼는 이 책을 통해 20세기 철학사에서 비판적 합리주의를 대표하는 철학자로 자리잡게 된다.

그렇다면 '저성장-양극화'의 늪에 빠진 한국 경제의 진정한 적들은 누구일까?

2012년 한해 동안 한국인의 눈과 귀를 사로잡은 최대 사안은 대선일 것이다. 특히 박근혜, 문재인, 안철수 3인의 옆으로는 수많은 사람들이 몰려 들었다. "떡이 크면 떡고물도 크다."는 얘기처럼, "권력이 크면 그만큼 자리도 많다."는 사실을 경험과 감각으로 체득한 사람들이 많은 부분을 차지했다. 오랫동안 야권에 몸담았던 인사들이 여당으로 가고, 여권에 몸담았던 인사가 야당으로 간 경우도 많다. 이들 가운데 많은 연로한 인사들은 '아직 나는 죽지 않았다.'는 사실을 과시하는 듯한 행보를 보이는 듯 했다. 이런 분들에게 과연 국가 경영의 자격은 있는 것일까?

지방자치단체장으로 재정을 거덜냈다는 평가를 받는 인사도 얼굴을 드러내는 일도 있었다. 후임 시장에게 짐만 잔뜩 안겨준 그가 경제전문가로 활동하는 모습을 보니 정말 국민들이 우롱당한다는 느낌이 들었다.

저축은행에서 거액을 수수한 대통령 친인척과 측근들도 있다. 특히 한 유명 정치인은 저축은행 피해자들에게 넥타이를 잡히고 계란과 물 봉변을 당하자 변호인에게 "(법원이) 어떻게 저런 사람을 통제하지 못하나?"라고 불쾌한 표정을 지었다고 한다. 진정한 뉘우침도 없이 여전히 특권의식으로 똘똘 뭉친 그의 심리를 엿볼 수 있는 대목이다.

국가나 사회가 건강하게 기능하려면 열심히 일하는 사람들이 많아야 한다. 비용을 내지 않고 편승만 하려는 무임승차자free rider나, 독점이나 규제에 편승해 과대한 이익을 추구하는 '지대추구rent seeking' 행위는 사회에 해악이다. 열심히 일하는 사람 옆에서 쓸데없이 방해만 하는 사람, 즉 남 뒷다리 잡는 사람도 마찬가지다. 이들은 국가경쟁력의 적敵이라고 할 수 있다.

그렇다면 우리 사회의 건강을 좀먹고 경쟁력을 해치는 '뻔뻔남'으로 어떤 사람이 있을까. 입법 활동은 뒷전으로 미룬채 11일 국회 본회의에서 특권의식을 표출한 국회의원을 들 수 있을 것이다. 공무원 생활을 오랫동안 하다가 물러난 뒤에도 과거 연줄로 공기업과 민간 기업에서 여러 자리를 돌려가며 떵떵거리는 고위관료들도 여기에 해당한다. 일하지 않은채 현장에서 선동만 일삼는 노조간부들, 공부는 안하면서 나랏일에 "감놔라, 대추놔라."하며 참견하다가 정치권을 기웃거리는 정치성향 짙은 교수(폴리페서)도 예외일 수 없다. 영혼을 구원한다며 좋은 말씀을 내놓지만 뒤로는 술·도박을 즐기고 자식에게 종교시설을 상속하는 종교인들도 여기에 포함된다. 내부거래를 통해 땀 한방울 흘리지 않고 부를 쌓아올리는 재벌 2, 3세들도 국가와 사회를 좀먹는 존재다. 뻔뻔남의 공통점은 행위는 저질인데 입으로는 온갖 미사여구로 선량한 국민들을 현혹시킨다는 사실이다. 마치 본인이 국가와 민족을 위해 큰 일을 하는 것처럼.

성경 신약부문의 데살로니가 후서 3장 10절에 "일하지 않는 자여, 먹지도 마라."라는 표현이 있다. 개역 성경에는 "누구든지 일하기 싫어하거든 먹지도 말게 하라."라고 되어 있다. 이말 을 전한 사도 바울은 실제로 텐트를 만드는 일을 하며 자기 생활비를 스스로 벌었다.

바울의 표현은 다음처럼 바꾸면 어떨까? "사회에 해악을 끼치는 자여, 제발 입좀 다물어 달라."라고. 침묵을 하게 되면 최소한 성실히 일하며 국가와 사회의 부를 높이는 기업인과 샐러리맨들의 스트레스만큼은 높이지 않기 때문이다.

문명 발상지의 오늘

● **시계추를** 과거로 멀찌감치 되돌려 4000~5000년 전 지도를 보자. 당시 지구상에서 잘나가던 곳을 일컬어 세계사에서는 4대 문명권이라고 부른다. 이집트·메소포타미아·인더스·황허문명이 그 주인공들이다.

다시 시계추를 역사의 흐름에 맞춰 현시점으로 맞춰보면 옛날과는 전혀 다른 모습이 나온다. 4대 문명권에 세워진 나라 가운데 중국을 제외하고 나머지 국가들은 미래가 제대로 안 보이는 형국이기 때문이다.

세계 최고最古 문명을 자랑하는 이집트. 국민소득 2800달러의 나라인 이집트는 신흥국으로 '포스트 브릭스'를 애칭하는 시베츠(콜롬비아, 인도네시아, 베트남, 이집트, 터키, 남아공화국)의 일원이었다. 하지만 2011년 2월 무바라크 전 대통령이 퇴출된 이후 정치불안에 발목이

잡혀 있다.

새롭게 대통령이 된 무르시는 권력이 자신에게 집중되도록 한 헌법을 통과시키려다가 반대 시력의 거센 시위에 휘말려야 했다. 이처럼 정정 불안이 계속되면서 경제 발전의 동력은 점차 약화되는 듯한 모습이다.

메소포타미아문명의 후예인 이라크는 무차별적인 테러의 땅이 된 지 오래다. 석유매장량 세계 5위인데도 여전히 독재자 후세인을 뒀던 과거로부터 자유롭지 않다. '묻지마 테러'가 여전하고, 종교 갈등과 부족 간 반목 등에 의해 가까운 시일 안에 제대로 된 나라로 올라설 것이라고 기대하기 어렵다.

인더스문명 지역은 파키스탄에 해당한다. 포스코경영연구소에 따르면 파키스탄은 정치 불안에 금융 외환 재정이 모두 좋지 않은 '다중 위험 국가'에 속한다. 기자가 2011년 '아시안하이웨이 대장정' 당시 들렀던 파키스탄은 2011년 국민소득이 1000달러 남짓이다. 달러 기준으로 15년 전에 비해 반토막. 이는 파키스탄 환율이 1997년 달러당 40루피였으나 경제가 계속 좋지 않으면서 현재 91루피로 높아졌기 때문이다.

황허문명의 중국은 사회주의를 지향한 지도자(마오쩌뚱)로 인해 생고생을 하다가, 미래를 보는 혜안을 지닌 지도자(덩샤오핑)을 만난 이후 G2로 굴기했다. 중국인들로서는 천만다행이었다.

이렇듯 인류 문명의 발상지들이 대부분 낙후된 지역으로 변한 가운데, 또 하나의 문명발상지 앞날도 암울하다. 바로 그리스다. 그리스는 헤브라이즘과 함께 유럽 문화의 2대 기둥인 헬레니즘의 산실이었다.

하지만 지금은 20%가 넘는 실업률에 엄청난 재정적자로 허우적거리고 있다. 2012년 11월 유럽연합에서 437억 유로의 지원을 했지만, 뚜렷하게 내세울 만한 산업이 없어 미래는 여전히 암울하기만 하다.

문명발상지의 오늘을 보면 자연스레 '역사의 수레바퀴'를 떠올리게 된다. 흥하면 그 후에는 망하고 쇠퇴한다는 것. 미래를 보지 못하는 사람들이 이 수레바퀴를 앞으로 굴리지 못하고, 멈추게 하거나 거꾸로 돌리려고 하면 반드시 응징이 따른다는 게 역사가 가르쳐준 교훈이기도 하다.

실제로 현재 선진국 반열에 들어가는 나라들을 보면 자연환경이 그다지 좋지 않다. 예컨대 대서양을 가장 먼저 건넜던 스페인과 포루투갈은 멕시코부터 아르헨티나까지 모두 식민지로 삼았다. 기후는 온화하고 땅은 비옥했으며 원주민도 많았다.

자신들이 놀더라도 부려먹을 원주민이 많아 착취적인 경제 구조를 만들었고, 그 후유증으로 인해 지금도 여전히 빈부 격차가 큰 절름발이 경제를 갖고 있다.

반면 북미 대륙에 상륙한 유럽인들은 열심히 땅을 갈고 노력하지 않으면 먹고 살기가 힘들었기 때문에 '피와 땀과 눈물'로 나라를 세우고 발전시켰다. 그 결과 오합지졸의 미국은 세계 최강대국이 되었다.

역사를 보면 조금 발전했다고 나태해지는 경우 반드시 응징을 받았다. 조금 살 만해졌다고 우쭐대는 데다 정치·사회적 분열이 점점 심해지는 한국도 이러한 역사의 법칙에서 예외일 수는 없다.

40
시진핑 시대에 한국이 고려할 일

● **중국** 5세대 지도부의 최고지도자인 시진핑^{習近平}. 중국은 한국에 정치, 경제적으로 워낙 중요한 만큼 시진핑에 대한 관심은 어느 때보다 높다. 중국의 미래가 어느 방향으로 움직이느냐에 따라 한국에는 몰아치거나 아니면 단비가 내릴 수 있기 때문이다.

시진핑은 정확히 2012년 11월 15일 중국 공산당 중앙위원회 제1차 전체회의(18기 1중전회)에서 당 총서기로 선출됐으며 당 중앙군사위원회 주석에도 올랐다. 당권과 군권을 장악하면서 권력의 최정점에 선 것. 시 총서기를 정점으로 리커창 총리, 장더장, 위정성, 류윈산, 왕치산, 장가오리(당 서열) 등 7명이 상무위원에 자리잡아 중국 권력의 최고 지도부를 구성하게 됐다.

'세계 2위의 경제대국'을 물려받은 시진핑과 최고지도부에게는 수많은 숙제도 아울러 주어졌다. 극복해야할 대표적인 현안은 빈부

격차 해소와 부정부패 척결.

여기서 중국 현실을 빗대는 썰렁한 농담 하나를 소개하겠다. 중국은 영어로 '차이나'인데 이는 부자와 빈자가 차이가 많이 난 데서 유래했다고 한다. 중국이 더욱 성장해서 '위대한 차이나Great China' 말 그대로 오직 하나뿐인 중국The China이 됐는데, 이는 부유층과 빈곤층간 소득이 더 차이가 난 데서 비롯됐다는 것. '차이나'와 '더 차이나'란 발음으로 중국 현실을 교묘히 설명한 것이다.

중국을 보면 경제 발달이 가장 앞섰던 해안 도시들은 선진국, 중부의 2선 도시들은 중진국, 서부 내륙은 후진국의 모습을 보인다. 하나의 국기(오성홍기) 아래 모여 있지만 사실상 여러 나라의 합인 셈이다. 지역별 발달 정도가 워낙 차이가 나고 급격히 부를 쌓은 부자가 많아지다보니 소득격차를 나타내는 지니계수가 매우 높다. 상위 20%가 국민 부의 50%를 장악하고 하위 20%는 5%에도 미치지 못할 정도다. 대개 이 수치가 0.35를 넘으면 부의 불평등이 심한 나라로 꼽는데, 중국은 덩샤오핑이 등장한 1978년 0.18 정도였다가 2012년 0.49까지 올랐다. 세계은행 같은 곳은 중국 지니계수가 0.5를 넘었을 것으로 추측한다. 그래서 '천가지 얼굴, 만가지 모습'의 중국이란 얘기도 있다.

이러한 빈부격차가 해소되지 않는 한 국가가 정상적으로 운영되기 어렵다. 사회 안정을 위해 시진핑이 반드시 풀어야 할 숙제다. 중국의 과거 역사를 보면 지니계수가 0.5 이상일 때 폭동이 일어났다. 청나라 시절 태평천국이 발생한 1850년대에 지니계수가 0.58이었다. 국민당 정권이 중국 본토에서 쫓겨나던 1940년대에 지니계수는 0.53 내외로 추정되고 있다(참고로 OECD가 발표한 소득불평등 통계에 따르면 한국은 0.3, 일본은 0.323, 미국은 0.37이었다).

당 간부와 정부 관료의 부패는 정말 골칫거리다. 시진핑도 최고지도자로서 가진 첫 연설에서 "당 간부들의 부패와 독직, 군중과의 괴리, 형식주의, 관료주의 등의 문제가 있다. 이는 반드시 모든 힘을 기울여 해결해야 하고 모든 당원이 경각심을 가져야 한다. 책임은 태산처럼 무겁고 해야할 일 역시 중요하며 갈 길은 멀다."고 강조했다.

미국 워싱턴에 있는 부패·돈세탁 전문 연구기관인 글로벌 파이낸셜 인테그리티GFI는 2001년 이후 11년간 중국에서 불법으로 국외유출된 돈이 3조8000억 달러에 달했다고 2012년 10월25일 발표한 보고서에서 밝혔다. 이 시기는 후진타오 전 주석의 집권시기와 거의 일치한다. 유출 규모도 해마다 증가해 2011년에는 6029억 달러로 늘었다는 것. GFI는 전체 유출금액의 5% 가량인 1900억 달러(약 210조 원)가 부패와 관련된 돈일 것으로 추정했다. 중국 인민은행도 2011년 6월 발표한 보고서에서 1990년대 중반 이후 해외로 도피한 부패 관료 숫자가 1만6천~1만8천 명에 달하고, 반출된 재산규모는 8000억 위안(약 144조 원)에 이른다고 밝힌 바 있다.

빈부 격차와 부패에 대한 불만과 혐오, 여기에 서구식 민주주의에 대한 갈망 등은 당연히 국가지도층에 대한 불복종으로 이어진다. 리더십이 흔들리게 되는 것. 실제로 2011년 한해에만 시위와 폭동이 18만 7000여건이 일어난 것으로 집계됐다. 지도층에서는 역량의

80~90%를 국내 문제에 돌릴 수 밖에 없는 상황이다.

　그렇다고 시진핑이 빈부격차 해소나 부패 척결을 쉽게 해결하기는 어려워 보인다. 시진핑은 5세대 지도부를 대표한다. 중국은 건국 이래 '마오쩌둥-덩샤오핑-장쩌민-후진타오-시진핑'으로 최고 권력이 이어져 왔다. 하지만 그들이 행사하는 권력의 크기는 너무 달랐다.

　'건국의 아버지' 마오쩌둥은 절대군주이며 황제나 다름 없었다. '말이 곧 법'이었다. 마오쩌둥의 말 한마디로 대약진운동과 문화혁명이 이뤄졌다. '하나의 중국'을 만든 인물이었기에 무한대에 가까운 권력을 누렸다. 후난성 샤오산에는 그의 생가가 있는데 거기 쓰여진 '中國出了個毛澤東(중국에서는 마오쩌둥이 나왔다)'란 문구가 그의 족적과 영향력을 설명해준다.

　덩샤오핑도 절대 지도자의 지위는 누렸다. 대장정에 참여한 건국의 주역중 하나였기에 존경과 위엄으로 다스릴 수 있었다. 1992년 '남순강화'를 통해 중국의 보수적 분위기를 타파하고 개혁개방에 더욱 박차를 가한 데서 그의 영향력을 짐작할 수 있다. 하지만 말이 곧 법은 아니었고, 어느 정도 의견 수렴을 하는 과정을 거쳤다.

　장쩌민은 중국 공산당 입당이 1946년이니 일단 전후세대로 분류된다. 여기에 줄곧 당 간부와 관료를 거쳐 성장했고, 최덩샤오핑에 의해 발탁돼 최고지도자로 올라섰기에 그만큼 영향력이 미미했다. 중국을 이끄는 상무위원회 위원들 가운데 최고 권위를 가졌다고 보는 게 옳을 것이다.

　2002년 최고지도자가 된 후진타오는 서열상 최고였지만 발언권이 그리 크지 않았다. 당시 그와 함께한 4세대 지도부 결정도 쉽지 않아 상무위원이 7명에서 9명으로 늘어나기도 했다. 장쩌민에 비해 훨씬 권력 분점이 심해진 셈이다.

이러한 유산을 물려받은 시진핑의 권력이 그렇게 클 수는 없다. 지도부 구성원간에 토의와 타협을 해야하므로 강단있는 정책을 추진하기가 쉽지 않다. 특히 중국의 정치체제에서는 부패가 사라지기 어렵다. 당에 권력이 집중돼 있고, 이에 따라 권력을 쥔 사람들이 사익을 추구하기 때문이다.

대런 애쓰모글루 MIT 교수와 제임스 로빈슨 하버드대 교수는 '국가는 왜 실패하는가'라는 책에서 "모두를 끌어안는 포용적인 정치 · 경제제도가 발전과 번영을 불러온다. 지배계층만을 위한 수탈적이고 착취적인 제도는 정체와 빈곤을 낳는다."고 설명한다. 경제적 번영의 길로 가려면 포용적인 사회를 만들어야한다는 것이다. 문제는 제도를 만드는 것은 정치고, 정치는 사람이 한다는 것. 결국 한 나라의 진정한 가치는 사람에게서 찾아야한다는 논리다.

실제로 민주 정치가 발달란 서유럽과 북민, 호주 등은 선진국으로 성장했다. 일본이나 한국 등도 마찬가지다. 반면 빈부 격차가 심하고 부패가 만연한 중남미, 아프리카, 남부아시아 등은 여전히 선진국 대열에 오르지 못하고 있다.

중국은 여전히 '일당 독재' 시스템이며, 권력은 별다른 노력을 하지 않은 채 '이익(경제학적으로 지대)'를 창출할 수 있다. 이는 사회적 인센티브를 말살하는 요인이 된다. 중국이 지금까지 승승장구했지만, 앞날이 순탄치 않으리라고 보는 이유다. 시진핑의 앞날은 활짝 열렸지만, 그가 걸어야할 길에 평탄한 곳은 거의 없을 것으로 전망되고 있다. 인접 국가인 한국이 반드시 고려해야 할 부분이다.

41
삼성맨의 운전 의식

● **삼성에서** 예전에 수원과 울산의 교통사고율과 운전 문화를 비교한 적이 있다. 잘 알려져있듯이 수원에는 삼성 기업들이, 울산에는 현대 기업들이 즐비하다. 삼성측은 조사를 하면서 삼성 사람들은 운전도 조용히 하고 교통법규를 지키며 안전운전을 해 사고가 거의 없을 것으로 예상했다. 결과는 어땠을까? 수원의 사고율이나 교통문화가 더 나쁘게 나타났다.

삼성과 현대는 재계를 대표하면서 여러모로 비교된다. '관리의 삼성'은 내부지향성이 강하고, '비즈니스의 현대'는 외부지향성이 돋보인다. 일사불란한 삼성 인재들은 '근성·열정·끈기·인내'의 심성으로 표현되며 반듯한 인상을 풍긴다. 다소 산만하게 비치는 현대 인재들은 저돌적이며 화끈한 '사나이 문화'로 얘기된다. 하지만 교통문화에서는 외부에 알려진 이미지와 정 반대의 결과가 나와 삼성

측을 당혹케 했다.

삼성 출신 인사는 이에 대해 "삼성 사람들도 속으로는 울분이 많지만 사내에서는 표출할 기회가 없다보니 차를 운전할 때는 상대적으로 더 난폭해지는 것 같다."고 설명했다.

삼성에서 저녁 회식은 매우 중요한 시간으로 여겨졌다. 꼭 참석해야하는 게 불문율이었고, 강도가 센 것으로도 명성이 자자했다. 근무시간의 스트레스를 술자리에서 풀고 조직의 단합을 꾀하는 경우가 많았기 때문. 그러다 보니 과음에 다른 사고도 적지 않았다. 급기야 삼성은 2012년 '벌주, 원샷 강요, 사발주' 등을 금지한 음주문화 개선 캠페인을 발표하기에 이르렀다. 문제는 음주회식 이외에 스트레스를 풀어주고 조직을 똘똘 뭉치게 할 방안을 찾기가 쉽지 않다는 것. 삼성의 진짜 고민은 이제부터 시작됐다고 할 수 있겠다.

기업은 물론이고 사회에서도 탈출구는 필요하다. 이게 없으면 원성이 높아지고, 불안의 요인이 된다.

'대기업의 과도한 탐욕'을 경계하는 경제민주화가 올해 대선의 화두가 된 것도 중소·중견기업과 일반 서민에게 탈출구가 보이지 않기 때문이다. 국세청의 자료에 따르면 2008~2010년 기간중 법인세 공제감면액 21조 2000억 원 가운데 대기업 부분은 14조 6000억 원이나 됐다. 중소기업의 두배가 넘는 혜택이다. 이명박 정부의 4년간 명목 GDP에서 10대 재벌의 총매출 비율은 69.1%였다. 참여정부 기간중의 52.6%에 비해 16.5%포인트나 높은 수치다. 입지가 좁아진 중소·중견기업으로서는 불만의 목소리를 낼 수 밖에 없다. 일자리를 잃거나 저임금에 시달리는 서민들은 상대적 박탈감을 느끼게 마련이다.

급증하는 성범죄 사례를 보자. 김강자 한남대 경찰행정학과 객원 교수가 '제한적 공창제' 도입을 주장해 화제가 됐다. 그는 종암경찰서장 재직 시절 일명 '미아리 텍사스촌'을 집중단속하면서 집창촌을 없애겠다는 의욕을 보인 인물이다. 하지만 그후 내려진 확실히 결론은 매춘을 법으로 강제한다고 해서 없앨 수는 없다는 것. 김 교수의 발언은 결국 '전체 시스템의 안정을 위해 사회악도 탈출구로 인식하고 받아들일 수 밖에 없다'는 의미를 지닌다고 할 수 있다.

대선 후보들의 구호는 대부분 '중산층 살리기'에 집중돼 있다. 쥐가 도망갈 곳이 없으면 고양이를 물듯이, 중산층이 막다른 골목에 몰리면 사회 불안이 커지고 대한민국의 미래가 암담해지기 때문이다.

담을 높이 쌓는다고 해서 안전해지는 게 아니다. 배가 고프고 갈 곳이 없는 이웃은 아무리 높은 담장과 철창도 넘어 들어온다. 진짜 안전을 도모하려면 이웃도 따뜻한 집과 음식의 혜택을 봐야 한다.

경주 최부자집의 가훈은 유교라는 틀에 꽁꽁 갇혀 있었던 조선시대에도 '열린한사고'가 존재했음을 보여준다. "만석 이상의 재산은 사회에 환원하고, 흉년기에는 땅을 늘리지 말며, 주변 100리 안에 굶어죽는 사람이 없게 하라."는 글은 언제나 봐도 훈훈하다.

42
양신, 충신, 간신

● **정치권에서는** 대선, 재계에서는 웅진. 2012년 추석 연휴기간에 단연 화젯거리였다. 대선과 관련해 '누가 대통령이 되나'가 주제였다면, 웅진에 대해서는 '윤석금 회장은 왜 넘어졌나'가 화두였다. 여기서 흥미로운 점은 대화속에 대선 후보들의 참모나 웅진그룹의 임원들에 대한 언급은 별로 없었다는 사실이다. 어떤 조직에서나 지도자 못지 않게 참모들의 역할도 중요한데 여기까지 생각하며 판단하는 경우는 별로 없다.

참모들의 중요성은 역사 속에서 끊임없이 강조된다. 왕(최고 지도자)을 둘러싼 충신忠臣과 간신奸臣의 이분법적 스토리는 늘 흥미진진한 드라마 주제가 된다. 하지만 기자에게는 충신과 간신보다 양신良臣이란 말이 훨씬 매력적으로 다가온다.

‘양신’의 개념은 당나라 초기의 공신 위징魏徵이 깔끔하게 정리했다. 그는 중국 역사에서 가장 뛰어난 제왕이라는 당 태종 이세민을 도와 ‘정관의 치’를 이룩하게 했다.

“나는 충신이 아니라 양신이고 싶다. 양신들은 군주에게 많은 건의를 하고 군주가 받아들이게 한다. 스스로 명성을 누릴 뿐만 아니라 군주에게도 훌륭한 명위세와 명망을 가져다주어 자손만대에게 이어지게 한다. 충신도 많은 간언을 하지만 결국 군주에 의해 죽임을 당한다. 군주는 혼군昏君이란 악명만 남기며 나라는 망한다. 당사자는 충신이라는 공허한 이름만 얻을 뿐이다.”

여기서 아첨만 일삼다가 본인과 군주와 나라를 모두 망치는 간신은 언급할 필요조차 없을 정도다.

그렇다면 대선 후보들의 참모들은 어떨까?

박근혜 후보의 수많은 참모중 안상수 가계부채특위원장이 있다. 인천시장으로 있을 때 인천 재정을 파탄낸 주인공이다. 그가 가계부채를 해결하겠다고 하니… 차라리 ‘가계거덜위원장’이라면 모를까.

문재인 후보를 둘러싸고 ‘3철’이니 ‘5철’이니 하는 말이 나돈다. 핵심 참모진의 이름 중 한 글자씩을 따서 만든 말이다. 이중 양정철 씨는 참여정부 시절 ‘언론과의 첨예한 갈등’의 주역으로 꼽힌 인물이다. 언론이 정부와 국민간의 소통 창구임을 감안할 때, 양 씨같은 인사는 국민통합 흐름에 맞지 않는다.

안철수 후보의 참모진은 아예 많지도 않고 급조된 느낌이 강하다. 안 후보의 인기에 편승해 모여들었다는 게 역력해 보인다는 게 솔직한 느낌이다.

　수많은 폴리페서를 포함해 대선후보의 참모진 가운데 많은 인사는 성공보수 즉 '권력의 부스러기'라도 얻으려는 측면이 강하다. 이들의 목적은 간단하다. 줄서기를 통해 한 자리를 얻겠다는 것, 즉 '벼슬학'을 추구한다고 볼 수 있겠다. 이들이 추후 국정에 진짜로 참여할지 두렵다. 실제로 줄곧 안정세를 보이던 모 후보의 입지가 흔들거리자, 해당 후보 라인으로 분류되던 교수들중 상당수가 '내 이름은 빼줘'라고 했다는 얘기에 실소만 나온다.

　웅진그룹의 몰락에는 참모들의 영향력이 없었다고 보기 어렵다. 웅진그룹이 건설 태양광 저축은행 등으로 사업을 확장할 때 핵심참모중에는 컨설팅업체 BCG(보스턴컨설팅그룹) 출신이 많았다. BCG는 기업 M&A나 신사업 전략에 강하다는 평가를 받아왔다. 하지만 젊은 컨설팅업체 출신들은 '경영은 이론이 아닌 실제이며 감感'이라는 점을 간과했을 가능성이 높다. 그들은 웅진그룹 몰락에 물질적, 양심적으로 어느 정도 책임을 지게 될까.

　21세기는 '지식의 시대'다. 지혜와 혁신성, 국제감각을 갖춘 인재가 그 어느 때보다 필요하다. 그런 상황에서 정치나 재계에 권력과 성공만을 쫓는 무수한 '날파리들'이 이리도 많으니 답답할 뿐이다.

43

일자리 지키기 전쟁

● "하느님을 경외하는 사람은 축복을 받을 것이며, 자신의 노동으로 먹고 사는 사람은 두 배로 축복을 받을 것이다." 유태인의 생활 지혜서인 탈무드에 나온 얘기다. 유태인의 강인함과 끈질김은 노동을 신성시하는 그들의 믿음에서 비롯된다.

현대 사회에서도 노동은 중요하다. 어느 나라에서나 실업자가 된다는 것은 사회에서 뒤처지고 도태됨을 의미한다. 실업자는 범죄자로 전락하기 쉬워 사회 불안정의 요인이 된다. 각국 정부가 경제 정책의 최우선 순위를 두고, 실업률 낮추기에 목을 메는 것도 이 때문이다. 또 실업률의 높고 낮음은 정권의 운명을 좌우하기도 한다. 한 정치학자는 20세기 미국 대통령 선거를 분석해 경제성장률 1% 상승은 집권당의 1.2%포인트 추가득표율을, 실업률 1%포인트 상승은

2.3%포인트의 득표율 하락을 가져온다는 결과를 얻어내기도 했다.

2012년 미국 대선에서 오바마 대통령은 경합주에서 승리했다. 실업률을 볼 때 위스콘신(7.3%) 오하이오(7.0%) 버지니아(5.9%) 뉴햄프셔(5.7%) 아이오와(5.2%) 등은 미국 평균치인 7.9%보다 낮았다. 경합주중 유일하게 노스캐롤라이나는 밋 롬니가 이겼는데 실업률이 9.6%에 달했다. 미국 유권자의 59%가 '경제문제가 가장 중요한 이슈'라고 답했는데, 경제문제중 실업이 가장 중요한 이슈로 꼽혔다. 특히 지금 경제가 좋지 않은 것은 오바마(38%)보다 조지 W 부시 전 대통령 탓(53%)이라는 응답이 더 많았다. 정치인들이 실업률에 일희일비할 수 밖에 없다는 게 실증된 셈이다.

많은 사람들은 독일에서 왜 히틀러의 나치가 집권했을 까 의아해 한다. 비법은 실업 해소와 완전 고용이었다. 히틀러는 1934년말까지 고용창출에 50억 라이히스 마르크를 사용했으며, 절정기에는 최고 12만 명을 고용해 총연장 4000킬로미터의 아우토반 건설에 매진하기도 했다. 그가 이끈 나치는 사회간접자본 확충과 군대 무장에 대한 투자정책으로 30년대 중반에 경제성장과 안전고용의 2가지 목표를 동시에 달성해 국민들의 전폭적인 지지를 끌어냈다.

그래서일까? 최근 미국에서는 일자리 지키기 차원에서 해외 아웃소싱이 늘 논란이 된다. 미국의 노조와 의회는 해외 아웃소싱을 막는 데 적극적인 반면 미국 기업들은 적극적인 반대 의지를 표명한다. 이는 친노조 성향이 강한 민주당과 친기업 성향이 강한 공화당의 색채와도 맞물려 있다.

해외 아웃소싱이란 기업들이 비용절감을 위해 내부 관리업무나 일정 부품의 생산을 외국 기업에 위탁하거나 장기간 관리토록 하는 경영방식의 하나. 80년대 후반부터 개발도상국의 저임금을 활용해 이익극대화를 추구하는 미국을 비롯한 다국적 제조업체들이 적극 활용하기 시작했다. 애플이 아이폰을 중국 폭스콘에 맡겨 생산하는 게 대표적인 사례로 꼽힐 수 있다.

미국의 상공회의소, 은행연합회, 전국 제조업연합 등 경제단체들과 대기업들은 2004년 해외 아웃소싱을 제한하려는 각종 입법을 저지하기 위해 '경제성장및 미국고용 연합'이라는 단체를 만들기도 했다. 미국 재계가 총 200여개의 경제단체들과 대기업들로 이루어진 이 단체를 갑자기 구성한 것은 미국내 일자리 보호를 명분으로 기업들의 자유로운 해외이전을 막는 각종 법안이 주정부나 의회 차원에서 우후죽순 격으로 제기됐기 때문이다.

당시 주요 주정부에 제출된 법안을 보면 주정부가 발주한 사업은 미국 내에서 수행, 비밀정보의 해외유출이 염려되는 모든 해외아웃소싱 금지, 콜센터 전화때 고객에게 센터 위치 통지 등이었다.

일자리 지키기는 그 후에도 정치인의 주요 임무였다. 오바마 대통령의 경우 2010년 교사 경찰 등의 일자리를 지키기위해 260억 달러 규모의 일자리 지키기 법안에 서명한 적이 있다. 2011년 9월에는 4470억 달러 규모의 '미국 일자리 법America Job Act'를 발표했다. 당시 법에는 급여세율 감세에 따른 세제감면 2440억 달러를 포함해 주택시장 지원, 인프라 증설, 공공부문 일자리 지키기, 실업수당 지급 연장 등의 지원책을 담고 있다.

　문제는 이 같은 법안이 각국간 협업, 분업체제로 효율 극대화를 꾀하는 글로벌경제 흐름에 역행한다는 것. 당장 미국의 콜센터를 유치하고 소프트웨어 설계 등을 했던 인도라든지 미국 제조업체에 대한 부품공급 등으로 먹고 사는 나라들이 힘들게 된다. 미국에 취업하고자 하는 각국 기술인력 등도 이 같은 분위기를 무시하기 어렵다.

　현대 대량생산체제는 기술과 정보의 발달로 적은 인력이 많은 물품을 만들 수 있다는 게 특징이다. 예컨대 1세기전 100명이 만들었던 공산품을 지금은 1명이 만들 수 있을 만큼 생산성이 높아졌다. 미국내에서 제조업 일자리는 계속 줄어드는 추세고 다른 선진경제도 마찬가지다. 그렇다고 사람을 놀려 실업자로 전락시킬 수는 없는 일. 그래서인지 한국에서도 21세기 들어 최대의 경제운용목표를 '일자리 창출'에 뒀으며, 2012년 대선 출마자들도 마찬가지였다. 바야흐로 세계 각국이 이제 '일자리 창출 및 지키기 전쟁'에 돌입한 듯한 느낌이다.

44
일자리 나누기의 허상

● **대기업의** 오너 겸 최고경영자를 만난 적이 있다. 2009년 이후 그의 삶은 하루도 편안하지 못했다. 3년여 동안 구조조정을 하느라 정신이 없었기 때문이다. 회사를 살리기위해 주말은 잊은 지 오래이고, 밤 12시를 넘겨 퇴근하기도 일쑤였다. '나보다 더 열심히 일한 사람은 없겠지'라는 생각을 할 정도였다. 오로지 일에만 매진하던 그가 전해주는 얘기 한 토막.

남아공 월드컵이 열린 2010년 6월의 어느 일요일이었던 것 같아요. 하루 종일 회의를 하고 저녁도 도시락으로 때웠지요. 다시 업무를 보다가 밤 10시가 넘어 잠시 쉬었습니다. 문득 TV를 켜니 한국팀 경기가 진행중인데 후반전 10분 정도 지난 거예요. 워낙 지쳐 있는 임직원들이 잠시나마 피로를 풀 수 있도록, 간단하게 음료수도 마시며 경기가 끝날때까지 봤지요. 그리고 한시간 남짓 다음날 할 일을 점검하고 퇴근 했습니다. 집을 가는 길에 강남역이 있는데 시간이 새벽 1시 쯤 됐을 거예요. 그 때 깜짝 놀랐어요. 삼성 본사 건물이 보이는데 전체 사무실의 약 절반정도는 불이 환하게 켜져 있었습니다. 경영이 어려운 우리 회사보다 더 열심히 일하는 그 모습을 보니, 왜 삼성전자가 세계 최고위치에 올라섰는지 알겠더라구요.

애플이 스마트폰 시장에 지각변동을 일으킬 때, 삼성전자는 따라잡았고 노키아는 뒤처졌다. 그 배경에는 밤낮을 가리지 않고 일했던 임직원들의 노력이 있다. 최고 경영진은 "연구진들은 6개월 동안 집에 들어갈 생각을 하지 마라."고 명령을 내릴 정도였다. 노키아로서는 감히 상상도 할 수 없는 업무 지시였고 노동강도였다. 어떻게 해서든지 아이폰을 이겨야하는 삼성 임직원들의 머릿속에 과연 '법정 노동시간'의 개념은 있었을까. 아마도 '성공'이란 단어밖에 없었을 것으로 생각된다.

글로벌 성공스토리를 쓴 한국에게 진짜 재산은 '지식'이다. 품질과 가격에서 세계 최고를 만들지 않으면 살아남지 못할 형편이니, 연구하고 또 연구해야한다. 그게 현실이고, 기업들도 그처럼 진짜 인재를 원한다. 지식으로 무장된 진짜 인재는 대체가 매우 어렵다. 연봉 많은 사원 1명을 줄여, 청년 일자리 2개를 만드는 산수 차원의 단순

합계가 아니라는 것.

2012년 대선에서 한 후보가 '기업 노동시간을 줄여 청년을 고용하겠다.'는 일자리 나누기 의무를 공약으로 내걸었다. 그는 1990년대 프랑스가 추진한 노사정 모델을 사례로 들었다.

그렇다면 한 명이 하던 일을 나눠 2명이 하는 것을 '일자리 나누기'라고 하는 게 과연 맞을까. 과거 삽으로 땅을 파던 시절, 즉 육체적 노동력이 중요하던 시절에는 맞다고 할 수 있겠다. 가치를 창출하는 제1의 덕목은 노동이었으니까 말이다.

하지만 지금은 다르다. 지식이 훨씬 중요한 시절이다. 1명의 천재가 10만명을 먹여 살리는 지금, 그 천재의 근무시간을 절반으로 줄이고 나머지 절반을 둔재가 하도록 하는 게 과연 옳은 일일까? 이는 정말 순진한 생각이라고 본다. 생산성을 갉아먹고 기업이나 국가의 경쟁력을 갉아먹는 결과를 낳는다.

선진 경제에서 생산은 대부분 기계와 시스템으로 이뤄지기 때문에 고용 창출효과가 낮다. 10~20년 전만해도 GDP가 1% 성장하면 일자리가 약 7만~8만 개 가량 생긴다는 게 정설이었다. 그러나 지금은 1% 성장에 4만 명 남짓한 일자리가 생길 뿐이다. 새로운 일자리를 만들기는 그만큼 힘들다.

그렇다면 남아도는 청년들은 어디로 보낼 것인가. 창업 전선이나 아니면 해외로 눈을 돌리게 하는 것이 낫다. 특히 한반도라는 좁은 땅을 벗어나 세계에서 훨훨 날게 한다면, 실업도 해소되고 국가경쟁력도 높아질 것이라고 본다.

　대선 후보가 주장하듯 '일자리 나누기'가 완전히 틀린 얘기라고 하는 것은 아니다. 하지만 '일자리 나누기'는 미봉책일 뿐이다. 파이를 키우는 게 아니라 더 잘게 쪼개는 것이기 때문이다. 특히 이윤 창출을 최고로 치는 기업들도 호응을 할 것 같지 않다. 그런 점에서 '일자리 나누기'는 전형적으로 사람들의 귀에 달콤하게 들리도록 하는 정치권의 '사탕발림' 그 이상도 이하도 아닌 듯싶다.

V

거꾸로
보는
세상

45
코리아 배싱

● "미국시장에서 시장점유율이 올라가면 좋지요. 그렇지만 마냥 신바람만 내서는 곤란할 겁니다. 현대기아차가 급성장할수록 시샘하는 눈길도 많아지거든요. 3년 전 떠들썩했던 '도요타 리콜 사태'도 결국 '일본 때리기Japan Bashing'로 봐야 하잖아요."

국내 자동차업계 인사가 조심스럽게 꺼낸 얘기다. 미국 내 현대기아차 시장점유율은 2011년 9%에 육박했다. 품질과 가격 측면에서 호평을 받으며 승승장구하는 상황이다. 그렇지만 이를 마냥 좋아만 해서는 곤란하다. 시계를 3년 전으로 되돌려 보자.

'메이드 인 재팬'을 대표하던 도요타는 2009년 9월 30일 380만 대를 리콜한다고 발표한다. 캠리 프리우스 아발로 타코마 툰드라 렉서스 등 7개 차종이나 됐다. '운전석 바닥 매트가 가속 페달을 압박하는 문제'가 리콜을 부른 원인이 됐다. 이때 도요타가 원가 절감을 위해 지나치게 하도급 업체를 압박한 게 품질 저하를 가져왔다는 분석도 나왔다.

그렇다면 정말 도요타 품질에 그처럼 중대한 결함이 많았을까? 미국에서 여러 나라 자동차를 타본 경험이 있는 사람은 대부분 "일본 자동차는 잔고장이 거의 없는 반면 미국 자동차는 수리비 때문에 고생해야 한다."는 사실을 잘 안다. 미국에 체류하던 시절 같은 아파트에 살던 일본인 친구가 있었다. 그는 일본에서는 작은 차를 탔으니, 길이 넓은 미국에서는 미국 대형차를 몰겠다며 1만달러 가량을 주고 대형 SUV를 샀다. 하지만 미국 중고차는 툭하면 고장이 나기 일쑤였고, 한마디로 '기름 먹는 하마'였다. 결국 2년여만에 그는 보유했던 차량은 1천달러라는 헐값에 팔아야했다. 그동안 들어간 수리비만 해도 수천달러가 넘었다.

그런 까닭에 미국 자동차 중고 가격은 일본 자동차보다 훨씬 떨어진다. 도요타 품질을 걸고 넘어진 미국 교통부 조치를 100% 신뢰하기 힘든 이유다.

그래서 나온 얘기 중 하나가 도요타 시장점유율 문제였다. 도요타는 2006년부터 시장점유율이 '마의 15%'를 넘어섰고, 2007년부터는 미국의 자존심이던 포드를 제치고 업계 2위로 도약했다. 이러한 약진이 미국 내 반발을 불러일으켰다는 것. 도요타는 리콜 사태로 인해 2009년 17%에서 이듬해 15.2%, 2011년엔 12.9%로 떨어졌고, 포드에 다시 2위 자리를 내줬다. 도요타는 2012년 슈퍼볼(2월 6일)에 3년 만에 광고를 내보냈다. 그리고 2012년 상반기에 14% 대의 시장점유율을 회복했다. 후유증 극복에 약 3년의 세월이 걸린 것으로 해석된다.

도요타 사례와는 다르지만 최근 '메이드 인 코리아'를 놓고 외국에서 시비를 거는 일이 많아졌다. 대표적인 사례가 삼성과 애플의 소송이며, 듀폰과 코오롱간의 분쟁이다.

삼성과 애플간 특허소송 전쟁터를 보면 미국, 일본, 호주, 독일, 영국, 프랑스, 이탈리아, 네덜란드, 한국 등 세계 곳곳에 흩어져 있다. 특히 미국 캘리포니아 법원의 배심원단은 삼성이 애플 특허를 침해했다고 평결해 여러가지 논란을 낳았다. 미국 법원은 아라미드 섬유와 관련, 듀폰이 제기한 민사소송 1심에서 코오롱의 영업비밀 침해를 인정해 9억 1990만 달러의 배상 판결을 내리기도 했다.

이러한 판결을 보면 아시아의 조그만 나라를 본거지로 한 기업들에 대해 미국이 필요 이상의 애국심을 발휘해 대응하고 있는 것으로 여겨진다.

치열한 글로벌 경쟁 상황에서 국가 간 싸움은 거의 생사를 넘나드는 수준이다. 특히 한국 기업 약진에 시샘을 할지언정 박수만 보내는 나라는 없다. 조그마한 시빗거리라도 생기면 언제든지 벌떼처럼 들고 일어나 '한국 때리기Korea Bashing'에 나설 위험Risk이 더욱 커지고 있는 셈이다. 세계를 무대로 뛰는 한국 기업들의 '코리아 배싱'에 대한 위기관리가 절실히 요구되는 시대다.

46

개구리 효과

● 2012년 한해 동안 금융시장을 뒤흔든 뉴스 가운데 하나가 저축은행 퇴출이었다. 내막을 살펴보면 돈이 될 줄 알고 마구 뛰어들었던 프로젝트파이낸싱PF의 부실과 오너의 부정 등으로 망했다는 이야기가 대부분이다. 그 와중에 저축은행이 돈을 빌려준 건설사의 부실 문제가 다시 수면 위로 떠올랐다. 목숨이 간당간당한 건설업체가 부지기수라는 얘기도 나온다.

저축은행과 건설업계 뉴스를 살펴보면 공통의 추락 원인이 발견된다. 바로 '부동산 경기의 침체'다. 건설 · 부동산 경기가 오랫동안 살아나지 않으니 곧바로 쇠망의 길로 접어들었다는 것.

하지만 달리 생각해 보면 건설 · 부동산 부문은 오래전에 옛 영화를 더 이상 누리기 힘들다는 게 자명해진 업종이었다. '보이지 않는 거품'이 존재했는데도 많은 경영자들이 이를 보지 못했거나, 아니면 '우리는 괜찮겠지…'라고 생각하며 지금까지 질질 끌어왔다는 얘기다.

한국 경제의 역사에서 건설은 늘 논란이 많은 산업이었다. 건설은 대한민국 번영에 크게 이바지했지만, 반면에 '정치인-관료-건설업자'가 한통속이 돼 이권을 챙긴다는 측면에서 '토건족'이라는 좋지 않은 이름으로 불리기도 했다. 다만 경기 부양 효과가 좋은 업종이라는 데는 공통된 인식이 있었다.

건설을 통한 경기 부양 효과는 어느 정도일까? 이는 한국은행이 작성하는 '부가가치유발계수와 취업계수'로 분석해볼 수 있다. 부가가치유발계수란 최종 수요가 한 단위 발생할 경우 국민경제 전체에서 직·간접적으로 유발되는 부가가치 단위를 보여주는 계수다. 취업계수는 산출액 10억 원의 생산에 직접 필요한 취업자 수로 나타난다.

한국은행에 따르면 건설업의 경우 부가가치유발계수는 2000년 0.84에서 2009년 0.74로, 취업계수는 같은 기간 12.6명에서 8.6명으로 줄었다. 투자를 할 대 유발되는 부가가치도 줄었고, 건설현장에서 일하는 사람도 감소했다는 의미다. 한마디로 이젠 건설 경기를 부양해봐야 국민 경제에 큰 도움이 안 된다는 것. 실제로 통계를 보면 부가가치 창출이나 취업 부문에서 교육 보건 등이 훨씬 효과가 좋다. 상당수 전문가들이 실업을 해소하고 선진 경제로 탈바꿈시키려면 서비스업을 육성해야한다고 주장하는 데 이는 바로 지식이 근간이 된 산업을 더욱 발전시켜야한다는 의미다.

선진국이 될수록 건설 비중은 줄어든다. GDP 대비 건설투자 비중을 보자. 미국은 2008년 이후 7~9%, 영국은 9%를 유지하고 있다. 독일은 2006년 이후 줄곧 9%대며, 프랑스는 12% 수준이다. 선진국들은 대체로 10% 안팎이라고 보면 된다.

반면 스페인은 2006년부터 3년간 21% 내외, 아일랜드도 당시 20% 정도였다. 이는 아무리 생각해도 지나치게 높은 수준이다. 실제로 건설·부동산 거품에 취했던 두 나라는 지금 나라 살림도 개인 살림도 함께 거덜나 헤매고 있다.

그렇다면 한국은 어떨까? 2006년부터 17%대를 기록하다가 4대강 사업이 한창이던 2009년 18.3%까지 올라갔다. 그러다가 작년에는 15.9%로 떨어졌다. 하지만 여전히 선진국보다 훨씬 높다. 한국 경제의 큰 흐름을 보면 건설은 축소될 수밖에 없다. 이제는 신규 SOC를 건설할 곳도 거의 없고, 세계에서 가장 출산율이 낮은 나라인 만큼 신규 주택 수요도 늘기 어렵다(주택거래 정상화 방안 등 해마다 나오는 수많은 건설·부동산 활성화 대책이 결과를 보면 늘 맹탕으로 끝나는 이유가 여기에 있다).

그렇다면 당연히 건설업체들은 규모를 줄여야 했고, 저축은행 등 금융사는 PF를 볼 때 훨씬 더 엄격해져야 했다.

건설사와 저축은행을 보면 '개구리 효과(혹은 비전상실 증후군)'가 연상된다. 이는 개구리를 뜨거운 물에 넣으면 바로 뛰쳐 나오지만, 찬물에 넣고 서서히 데우면 위험이나 경고를 감지하지 못해 서서히 죽어가는 것을 일컫는 말이다. 이들 업종의 최고 경영자들은 '과거는 흘러갔다.'는 사실을 모른 채 '보이지 않는 거품'이 낀 건설·부동산에서 금맥을 찾는다고 매달렸다.

　물론 모두 돈벌이가 된다고 뛰어들면서 레드오션으로 변한 곳에서도 금맥을 캐는 사례는 있다. 2000년 당시 IT 버블 때 잘나가던 수많은 업체들이 문을 닫았지만, 그 와중에서도 아마존과 이베이 등은 수익모델을 만들어 승승장구했다. 그렇다 하더라도 업종 전체가 소리없이 망해가는 것을 피할 수는 없다. 이런 곳에 발을 들여놓는 것은 많은 경영자에게 쓸쓸한 실패만 안겨줄 가능성이 높다.

47

버블은 축복 혹은 저주?

● 케네디 전 미국대통령의 부친인 조셉 케네디. 미국을 대표하는 정치가문을 세운 그는 1920년대 금주법 시대에 밀주 사업으로 부를 축적했다. 그는 이 돈을 주식에 투자했고 주가를 조작하는 즉 요즘 얘기하는 '작전'으로 재산을 불렸던 것으로 전해진다. 그는 돈을 발판으로 미 연방의 초대 증권거래소장이 됐고, 1938년에는 영국주재 대사로 임명되기도 했다. 조셉 케네디는 1929년 대공황시대에도 재산을 잘 보전했는데 이는 세태 흐름을 잘 읽는 그의 뛰어난 이재 감각 때문이었다.

하루는 그가 뉴욕의 거리를 지나다가 구두를 닦게 됐다. 그런데 구두닦이 소년이 요즘 주식 투자를 해 돈을 벌었다고 자랑을 하는 것이었다. 조셉 케네디는 곧바로 사무실에 들러 자신의 모든 주식을 팔았다. 얼마 지나지 않아 주식시장은 폭락을 했고 미국 경제는 대공황시대에 접어들었다(모두 한 방향으로 달려드는 시장은 언젠가 추락할 수 밖에 없다는 건 엄연한 사실이다).

조셉 케네디처럼 일상의 소소한 움직임에서 투자의 맥을 짚는 사람이 많다. 미국 클리블랜드의 한 주식투자자는 자동차 정비공과 커피숍의 금융 관련 TV 프로그램 시청시간을 지표로 삼는다고 한다. 자동차 정비공들이 CNBC 금융뉴스에 관심을 가지면 주식시장이 호조를 보이고 있다는 사실을 반영한다는 것. 다만 정비공들이 금융뉴스를 과도하게 보면 이미 증시는 오를 만큼 올랐으며 하락세로 곧 돌아설 가능성이 높다는 게 그의 판단이다. 그는 커피숍 스타벅스에서 사람들이 TV를 켜고 금융 뉴스만 보기 시작하면 주식이 떨어질까봐 걱정된다는 자기만의 기법을 소개하기도 했다.

미국 미네소타의 한 시장분석가는 아이들의 하키를 관전하는'하키 대디'들이 주식을 얘기할 때 주식투자가 과열됐다고 분석한다. 수많은 투자자들이 기호품인 차에 대해 연구하기 시작할 때도 버블이 나타난 징후로 해석하기도 한다. 주식에 투자하지 않던 사람이 주식 분석가의 보고서를 구입하기 시작할 때도 하락장이 올 신호로 해석된다.

지금까지 미국의 증시를 떠받친 가장 큰 요인은 1958년 이래 가장 낮은 수준의 금리와 양적 완화 덕분이다. 금리가 워낙 낮다보니 예금이나 현금의 비중이 낮게 되고, 그렇다고 폭락장세를 겪었던 부동산으로 가기에는 두려움이 있는 게 현실이다. 이런 상황에서 갈 곳은 주식시장 밖에 없다는 것.

하지만 금융부문의 돈 공급에 의존하는 시장은 한계를 드러내기 마련이다. 실제로 버블의 역사에서 수없이 많은 똑똑한 인물이 바보처럼 행동했다. 미시시피 버블의 주인공인 존 로우나 영국의 남해주식회사에 투자해서 손실을 본 뉴턴, 대공황이 있기 전날 주식시장의 호황세를 예측했던 경제학자 어빙 피셔까지.

옥시모론oxymoron, oxy(예리한) + moron(지능이 8세 정도의 어른)이란 너무 똑똑해서 오히려 바보스런 행동을 하는 종류를 일컫는 말이다. 미국의 증권운용가이던 피터 린치는 전문가집단이 여기에 포함되는 군상이라고 말한다. 증시의 유명한 격언으로 "한 명의 로스차일드(영국의 대표적 금융자본가)가 강세장을 만들 수는 있으나 약세장만큼은 막을 수 없다."는 얘기가 있을 정도다.

하지만 요즘 경제의 흐름을 보면 '버블이 반드시 나쁜 것만은 아니다.'는 것을 느끼게 된다. 대표적인 사례가 일본이다. 20년 이상 장기불황에 시달리는 일본에서는 일반적으로 우리가 아는 경제 상식이 뒤집히는 경우가 많다.

일본 주택의 경우 20년 디플레이션(물가의 지속적 하락)에 따라 '집은 사는 게 아니라 임대하는 게 낫다.'는 게 상식이 됐다. 집값이 계속 떨어지는 데 왜 집을 사느냐는 것. 월세보다는 대출을 받아 집을 산뒤 원리금을 갚는 게 훨씬 유리한 사례도 속출하고 있다. 대출금리가 1% 이하로 떨어지다보니 나타난 현상이다.

일본에서 재테크라는 단어도 사라졌다. 대신에 자산운용이라는 단어가 사용되고 있다. 그러한 상황에서 시세 차익을 기대하는 주식 투자가가 거의 없는 상황이다. 2011년 기준으로 가계 금융자산(1515조엔) 중 현금과 예금이 55.7%인 반면 주식은 6%에 불과하다(미국은 현금 예금이 14.7%인 반면 주식과 출자금은 32.6%인 것과 비교된다). 모두 움츠러들다보니 중고책만 잘 팔리고 모든 물건을 100엔에 파는 100엔숍과 도시락 전문점 등 불황형 업종만 호황이다.

일본의 상황을 보면 왠지 한국의 미래를 보는 것 같다는 섬뜩한 느낌이 든다. 집값은 지속적으로 떨어지고, 주식 투자자도 감소하고 있으며, '재테크'라는 용어도 잘 사용되지 않고 있기 때문이다. 데이터로도 증명된다. 적립식펀드는 2008년 6월, 1568만 계좌로 정점을 찍었다가 2012년 9월말 기준 839만 개로 반토막이 났다. 공모 펀드에 몰린 돈도 2007년 말 168조 원에서 2012년말 110조 원대로 감소했다.

모두들 움츠러드는 분위기를 보면서 경제에서 나타나는 '구성의 오류The fallacy of composition'을 떠올리게 된다. 살림이 어렵다고 허리띠를 졸라매는 것은 좋은데 모두 절약에 나서면 경기침체가 가속화되는 '절약의 역설'이 대표적이다. 한 기업이 어느 제품 가격을 올리면 이득을 얻게 되지만 모두 함께 올리면 결국 물가상승으로 이어질 수 있다.

현재 한국 땅에서 살아가는 경제 주체들의 어깨는 잔뜩 움츠러든 상태다. 이를 타개하기 위해서는 앞날을 장밋빛으로 보는 시각의 전환이 필요하다고 하겠다. '거품bubble'이라도 있었으면 하는 바람이 점점 간절해지는 한국 경제의 현실이다.

48

뉴 노멀의 시대

● **2012년** 여름은 두가지로 기억된다. 런던올림픽과 열대야다. 특히 밤에도 25도 이하로 떨어지지 않는 열대야는 서울에서 14일 동안 계속됐다. 2000년 공식 기록이 이뤄진 후 최장이다. 그나마 올림픽에서 한국 선수들이 연일 전해오는 낭보로 스트레스를 풀 수 있어 다행이었다.

여기서 시계추를 1년 전으로 되돌려 보자. 2011년에는 100년만의 폭우였다며 야단이었다. 5월부터 3개월간 줄곧 비가 내렸고 7월 말에는 집중 호우가 있었다. 서울 우면산에서는 산사태가 나 18명의 아까운 생명이 희생됐다. 들과 산에서는 자연이 만들어낸 거센 물살이 손으로 구축해놓은 각종 인공물에 깊은 생채기를 냈다.

2011년은 폭우, 올해는 폭염. 그렇다면 미래에는… 어쩌면 인간이 편안함을 느끼는 온화한 기후는 연중 극히 일부 기간에만 나타날 것 같다는 예감이 든다. 과거에는 볼 수 없었던 이상 기후현상을 줄줄이 경함할 것이라는 얘기다.

실제로 한반도 기후가 아열대로 변함을 보여주는 사례도 많이 나타나고 있다. 최근 충남 서천의 문산면 사무소 앞에 있던 바나나 나무에 열매가 열렸다. 국내에서 온실이 아닌 노지에 바나나가 열린 적은 거의 없다. 농작물의 재배한계선이 고위도로 올라가면서 '제주 감귤' '대구 사과' '경산 포도' '청도 복숭아' 등 지역 특산물의 명성도 퇴색하고 있다. 전남 장흥의 안양면에는 도로 가로수로 야자수가 심어져 있다. 바닷물 온도가 오르며 고등어 오징어 전갱이 등 난류성 어류의 어획량은 크게 늘었다.

이처럼 변덕스러운 날씨를 대부분 '이상기후abnormal climate'라고 부른다. 하지만 워낙 '이상異常'이 맞으니 이제는 그런 현상을 아예 '새로운 정상기후new-normal climate'으로 명명하는 게 맞을 것 같다는 생각이다.

경제현상도 마찬가지다. 무하마드 앨 에리언은 2008년 저서 '새로운 부의 탄생'에서 '새로운 정상(뉴-노멀, new-normal)'이란 개념을 제시했다. 뉴 노멀이란 '시대 변화에 따라 새롭게 떠오르는 기준 또는 표준'인데, 에리언의 저서에서 뉴 노멀은 2008년 글로벌 금융위기 이후에 부상한 새로운 경제질서를 의미한다. 저성장, 저소비, 고실업률, 고위험, 규제강화, 미국경제 역할 축소 등이 글로벌 금융위기 이후에 나타날 뉴-노멀이라는 것. 실제로 그후 4년간 에리언이 언급한 현상은 세계 각국의 경제에 그대로 나타나고 있다.

하지만 역사의 흐름을 더 거슬러 올라가면 세계 경제의 질서가 근본적으로 바뀔 만한 움직임은 20~30년 전부터 여러 가지가 있었음을 알게 된다. 예컨대 1980년대까지 한국의 교역은 미국, 일본, 유럽연합과 이뤄졌다. 중국, 러시아는 사회주의 국가로 외교관계도 없었고 인도는 먼 나라였다. 한국의 무역지도에 그들은 그려져 있지 않았다. 지금 한국에는 중국 아세안 등이 더 중요한 교역상대로 다가왔다. 과거 미국 의존도가 높았을 당시 '미국이 기침하면 한국은 감기가 걸린다'라는 얘기가 유행했으나 요즘은 잘 쓰이지 않는다.

1980년대 이후 전세계적으로 규제완화가 이뤄졌고 IT기술이 발달했다. 이에 힘입어 금융혁신이 있었다. IT와 금융이 결합하면서 전세계적으로 돈의 이동이 쉬워졌고, 자금의 움직임에 따라 경제도 출렁거렸다. 월가에서 주가가 폭락하면 몇시간 후에 아시아 증시가 크게 타격을 입는 일도 늘 보게 된다.

글로벌 경제 네트워크는 선진국-개도국, 아시아-유럽-아메리카 등이 촘촘히 엮여 있다. 특히 한국은 무역의존도가 113.2%(2011년)에 이른다. 수출 국가별로 보면 100억 달러 이상은 11개국, 50억 달러 이상은 25개국, 10억 달러 이상은 58개국이나 된다. 그러다보니 지구촌의 생각지도 못한 곳에서 어떤 사건이 벌어지면 한국은 바로 영향을 받게 된다. 평온할 날이 없다는 것. 결국 우리는 늘 '정상이 아닌 경제'가 '뉴 노멀 경제'가 되는 시대에 살고 있는것 같다. 그걸 못 느끼는 사람이나 기업이 오히려 비정상이다.

49
태풍의 이면을 살펴라

● **1987년** 10월15일부터 이틀간 16일밤 영국 남서부에 거대한 허리케인이 불어닥친다. 워낙 강력해 아예 '1987년의 거대한 폭풍(Great Storm of 1987)'이라는 고유명칭이 붙을 정도였다. 거센 강풍에 쓰러진 나무가 무려 1500만 그루. 250년 된 너도밤나무 등도 예외없이 넘어졌다. 강풍으로 인해 영국의 주식시장이 문을 닫았고, 이는 유명한 '블랙먼데이(10월 19일)'의 한 원인이 됐다는 분석이 있을 정도였다.

그렇다면 당시 허리케인은 피해만 줬을까? 아니다. 햇빛을 차단했던 아름드리 나무가 없어지자 여우장갑(디기탈리스)이나 쐐기풀 등 다양한 새 생명들이 자라났다. 20년후 현장을 점검해보니 예전보다 훨씬 다양한 식물군들이 한때 망가졌던 숲을 메우고 있었다. 거대한 폭풍은 기존에 자리를 잡고 있던 거대한 나무에게는 재앙이었지만, 다른 식물에는 기회가 됐던 셈이다.

2012년 8월말 '볼라덴'과 '덴빈'이라는 2개의 태풍이 한반도를 뒤흔들었다. 인명피해와 재산손실도 적지 않고, 특히 과수원의 피해가 막심했다. 그렇지만 자연이란 존재는 늘 악행만 일삼는 게 아니다.

태풍은 지구촌 차원의 '에너지 불균형'의 결과물이다. 열대지방의 따뜻해진 공기가 차가운 극지방으로 올라가면서 바다에 축적돼 있던 에너지를 지나가는 자리에 골고루 나눠주는 역할을 한다. 태풍이 거대한 구름을 만드는 과정에서 엄청난 양의 음이온과 오전이 생성되는 데 이는 바닷속 생물과 식물 성장에 매우 도움이 된다. 태풍은 또 바닷물의 위아래를 뒤섞어 놓아 물속의 산소를 풍부하게 만든다. 바다의 부영양화, 즉 적조현상을 단번에 없애기도 한다. 태풍에 수반하는 폭우는 땅속의 영양분을 광범위하게 흩어놓는 기능도 발휘한다. 한 마디로 생태계를 크게 뒤바꿔주는 셈이다. 이렇게 달라진 생태계에서 살아남느냐 여부는 개별 개체의 역량에 달려있다고 할 수 있다.

태풍과 동시에 사람들의 주목을 끈게 '삼성-애플'의 소송이었다. 미국 법원의 배심원단은 8월24일(현지시간)삼성이 애플의 디자인을 베꼈다는 평결을 내렸다. 애플은 뒤이어 삼성의 8가지 스마트폰에 대해 판매금지를 요청했다. 평결이 최종 확정될 경우 삼성으로는 자칫 '카피캣Copycat(흉내쟁이)'란 오명을 뒤집어쓰고, 막대한 금전적 손실을 겪을 수 밖에 없다. 문제는 이러한 특허분쟁, 즉 지적재산권 문제가 삼성에 국한된 게 아니라는 것. 아라미드 섬유 특허문제로 듀폰에 시달리는 코오롱 등이 대표적이며, 해외에 진출하려는 많은 중견기업들도 비슷한 어려움을 호소하고 있다. 한국 기업들이 선진업체의 경쟁자로 부상하려고 하니, 그들이 시비를 거는 것이다.

그렇다면 '특허 전쟁'의 태풍은 피해갈 수 있을까? 한국은 수출로 먹고 사는 나라인 만큼, 세계 각국을 대상으로 경영활동을 해야한다. 필연적으로 세계 일류기업과 다툼을 피할 수 없다. 새로운 생태계에 적응해야한다는 얘기다.

과거 캐나다의 북부 초원에는 사슴과 이리가 함께 살고 있었다. 사슴 숫자가 줄어들자 캐나자 주정부는 이리 박멸에 나섰다. 그 결과 사슴 숫자는 크게 늘었다. 하지만 평화와 기쁨은 잠시였다. 사슴의 번식력이 약해지고, 병약해지면서 집단으로 죽어갔던 것. 사슴의 '건강'을 책임져주던 천적이 사라진 결과였다.

'특허 전쟁'을 일으킨 외국 기업들은 이리와 같은 존재가 아닐까 생각된다. 우리에게는 도전이고 위기지만, 뒤집어 생각하면 우리의 경쟁력을 더욱 높여줄 동기부여의 촉매제가 될 수도 있다. 새로운 생태계를 만들어내는 태풍처럼 고마운 존재가 될 수 있다는 얘기다.

50

비즈니스는 이성적 판단의 결과이다

● '뫼비우스의 띠Mobius strip'라는 게 있다. 직사각형의 띠를 180도 꼬아서 붙이면 뫼비우스의 띠가 된다. 수학의 기하학과 물리학의 역학이 관련된 곡면으로, 경계가 하나밖에 없는 2차원 도형이다. 어느 지점에서나 띠의 중심을 따라 이동하면 출발한 곳과 정반대 면에 도달하게 되며, 두 바퀴를 돌면 처음 위치로 돌아온다. 안쪽과 바깥쪽이 결국 하나인 셈이다. 1858년 독일의 수학자 아우구스트 뫼비우스가 발견했다.

특이한 성질의 '뫼비우스의 띠' 개념은 국가간 관계나 기업 관계에도 그대로 적용될 수 있을 것 같다. 안과 밖의 경계가 없는 것처럼, 적과 아군의 구분도 깊이 들여다볼수록 모호해지고 중간을 가로지르는 경계선도 없어지기 때문이다.

한국과 일본간 갈등을 야기하는 독도 애기를 보자. 이명박 대통령이 2012년 8월 독도를 방문한 이후 한달 째 이어지는 양국 갈등은 급기야 광고전으로까지 확대됐다. 일본 정부는 9월11일자 요미우리신문과 도쿄신문 1면에 '다케시마(독도)는 일본땅'이라는 광고를 게재했다. 이 광고는 총 70개 일본 신문 주요 면에 실렸다. 노다 요시히코 일본 총리가 APEC 정상회의 직후 이명박 대통령을 찾아와 '미래지향적 한·일 관계'를 언급한 직후 나온 광고여서 우리 국민으로 하여금 울화가 치밀게 만들었다.

일본은 센카쿠(댜오위다오) 열도를 놓고도 중국과 일촉즉발의 긴장을 만들고 있다. 일본이 국유화에 나서자, 중국은 영해기선을 선포하고 해양감시선을 급파한 것. 이를 뉴스로 다루는 한국에서는 센카쿠 대신 댜오위다오란 표현이 늘었다. 일본이 얄밉다는 감정이 살짝 표현된 것으로 여겨진다. 중국과 한국 관계도 늘 좋은 게 아니다. 중국어선의 서해 불법조업은 늘 양국을 긴장케하는 요소가 되어 왔다.

한중일 3국간 갈등은 정치인들이 더욱 부추기는 측면이 강하다. 타국에 대한 공격은 국민들을 단합하게 만들고 이는 자신의 인기 상승으로 연결된다는 것을 너무나 잘 알기 때문이다. 그렇지만 한·중·일 관계는 칼로 무를 자르듯 극단적으로 판단할 게 아니다. 정치적 공방을 빼면 국가간의 경계는 거의 없다고 봐도 무방하다. 특히 경제적 측면에서는 그렇다.

한국의 2012년 1~8월중 수출의 국가별 비중을 보면 중국은 23.7%, 일본은 7.2%를 차지한다. 수입에서 중국의 비중은 15.4%인

반면 일본의 비중은 12.4%에 이른다. 8월 20일까지 대일본 무역수지는 167억 달러의 적자였다. 수출에 필요한 각종 소재와 부품을 일본에서 들여온 결과다. 일본에서 수입이 막히면 수출한국의 위상은 크게 흔들릴 수 밖에 없다.

인천공항과 김포공항 두 곳에서 중국으로 가는 비행기는 2012년을 기준을 할때 하루 83편이다. 일본으로는 매일 70편의 비행기가 뜬다. 항공기 1대당 150명씩 탄다고 봤을 때 중국으로는 하루 1만 2000명, 일본으로는 1만 명 이상이 간다는 결론이다. 부산과 제주공항을 합치고, 배편을 이용하는 사람을 합치면 더 많아진다.

한국은 싫든 좋든 지정학적으로 중국, 일본과 부대끼고 살아야한다. 아무리 싸우더라도 어쩔수 없는 이웃사촌이다. 정치인들의 부추김에 빠져 한쪽 면만 보는 편협함을 버려야한다는 얘기다.

여기서 우스갯소리 하나. 진짜 화가 났을 때 한·중·일 3국의 반응이 다르다고 한다. 한국인은 씩씩거리면서 책상을 내려치고 육두문자를 쏟아낸다. 일본인은 아무런 말도 하지 않고 침묵한다. 중국인인 큰 소리를 내며 웃는다. 과연 누가 최고수일까.

글로벌 기업 가운데 요즘 가장 치열하게 싸우는 곳이 삼성과 애플이다. 그러다 보니 애플에 대한 부품공급 중단설 등 여러 가지 얘기가 나왔다. 여기에 대해 권오현 삼성전자 부회장이 다음처럼 정리했다. "비즈니스는 감성적으로 하는 게 아니다. 이성적 판단으로 하는 것이다." 참으로 옳은 지적이다.

환율게임의 실상

● **환율은** 간단히 정의하면 외국 돈과 비교해 자국 돈의 가치를 표현한 것이다. 세계적으로 달러가 가장 많이 쓰이다보니 1달러당 1000원(한국), 1달러당 1.4유로(유럽), 1달러당 80엔(일본) 하는 식으로 정의된다. 단순히 나라별로 다른 돈과 돈의 교환인데 왜 정부 기업 학자는 물론 일반 가정까지 환율에 주목하는 것일까?

환율은 한 나라의 성장잠재력과 국가경쟁력을 반영한다. 한국 입장에서 표현한다면 환율이 하락(원화값 상승)하면 수출은 줄어들고 수입은 늘어나는 방향으로 작용한다. 경상수지가 나빠져 경제성장률도 악영항을 받게 된다. 반면 수입물가가 떨어져 가계 지출이 줄고 기업의 외채 상환부담도 완화된다. 해외판매가 많은 제조업체나 수주가 많은 건설업체들은 원화 표시 매출이 줄어든다.

환율에 영향을 미치는 요소는 정말 다양하다. 국제수지, 물가, 나라간 금리차, 중앙은행의 개임, 직접투자 등 경제적 요인에 의해 달라질 뿐만 아니라 전쟁, 천재지변, 정치 불안정 등에 의해서도 영향을 받는다. 그래서 환율 예측이 어렵다는 측면에서 럭비공에 비유되기도 한다. 한국에서 환율예측이 잘못돼 금융사고로 연결된 사례로 1995년 수협중앙회 사건(171억 원 손실)이 있으며, 최근에는 수많은 중소기업을 파탄으로 몰고 간 키코KIKO가 있다. 키코는 '녹인 녹아웃Knock-in, Knock-out'의 영문 첫글자에서 따온 말로 환율이 일정한 구간에서 움직이면 약정환율을 적용받는다. 문제는 환율이 지나치게 떨어지거나 오를 때다. 하한 이하로 떨어지면 계약이 무효가돼 환손실을 그대로 입어야 하고, 상한 이상으로 올라가면 약정액의 1~2배를 약정환율에 매도해 더 큰 손실을 봐야한다. 환율은 언제든지 럭비공처럼 움직일 수 있다는 사실을 몰랐던 중소기업들은 결국 엄청난 손실로 참담함을 맛봐야 했다.

환율은 국가간의 힘 겨루기 양상으로 나타난다. 대부분의 나라가 가급적 자국 환율을 낮춰 수출을 늘리고 이를 통해 경제를 살리려 하기 때문이다. 여기에서 국제사회의 강대국들이 진면목을 드러낸다. 한국 같은 곳은 미안한 얘기지만 설 자리가 별로 없고 목소리를 내도 들어주지 않는다.

대표적인 첫 환율게임은 1985년 벌어졌다. 1985년 9월 22일 미국 뉴욕의 플라자호텔에 모인 미국 일본 독일 영국 프랑스 등 선진5개국G5 재무장관. 그들은 '달러 약세-엔과 마르크 약세'로 대표되는 외환시장 개입을 약속했다. 당시 5개 나라가 모인 것은 미국의 재정, 무역적자 등 소위 쌍둥이 적자를 해소하기 위해서였다. 당시 미국의 적자는 GDP의 3% 수준에 달했고 85년 대일 무역적자만 429억 달러에 이르렀다. 개 결과 달러는 마르크에 대해 55%, 엔에 대해 56%까지 절하됐다. 달러는 260엔대(월평균 기준)에서 1987년 말에는 달러당 123.33엔까지 떨어졌다. 미국은 일본, 독일 경제의 성장으로 쌍둥이 적자 위기를 탈출하고 90년대 고성장의 기반을 다졌다. 일본을 제외한 아시아 각국은 엔고에 힘입어 투자를 유치하고 수출을 늘려 고도성장을 누릴 수 있었다.

두 번째 환율 게임은 95년에 일어났다. 90년대초 다시 나타난 쌍둥이 적자로 달러가 약세를 보이자 미국에서 해외자본이 유출됐다. 달러 약세로 자산 평가손실을 입었기 때문이다. 이를 잡기위해 94년부터 95년초까지 연방기금금리를 3%에서 6%로 올렸고, 이는 채권시장과 소비심리를 얼어붙게 만들어 미국 경기를 침체 국면으로 몰고갈 우려가 제기됐다. 이때 로버트 루빈 재무장관과 앨런 그린스펀 미 연방제도이사회 의장이 생각해낸 묘안이 강한 달러 정책Strong Dollar Policy. 달러가 강세를 보이자 해외자본이 나갈 걱정이 없어졌다. 그러자 미국은 금리를 낮춰 이른바 '인플레이션 없는 지속성장 시대'를 열었다. 반면에 낮아진 국제금리에 현혹돼 빚을 마구 끌어들였던 아시아 각국은 97년 금융 위기를 겪었다.

10년 주기로 벌어진다는 환율게임이 2004년에도 재연됐다. 주요 타겟은 중국 위안화였다. 부시행정부의 존 스노 재무장관은 중국을 방문해 위안화 절상을 요구했고, 중국이 이를 받아들이지 않자 유럽의 재무장관들을 설득해 아시아에 '유연한 환율제도'를 촉구하는 공동성명을 채택케 했다.

실제로 90년대 후반부터 세계 경제는 오로지 미국의 대규모 소비에 의존해 왔다. 실증분석에 따르면 미국은 95년 이래 10년 동안 세계 경제성장기여도의 60%를 차지했다. 이는 세계 GDP에서 미국이 차지하는 비중의 2배나 된다. 미국의 소비는 95년 이후 연평균 3.7% 성장해 나머지 선진국의 2배나 됐다. 값싼 수입품이 넘치면서 미국내 제조업 일자리가 2001년부터 3년간 300만개(전체의 6분의 1수준)나 없어졌다. 하지만 미국이 재정적자를 메우기 위해 발행하는 국채를 대거 갖고 있는 아시아 각국이 버티면서 미국은 별다른 재미를 보지 못했다.

이러한 환율 게임이 2010년 이후 계속되고 있다. 미국의 '제로 금리' 정책이 더 이상 먹혀들지 않자 양적안화(QE, Quantitative Easing) 정책을 펴고 있기 때문이다. 미국이 돈을 풀자 전세계적으로 달러가 흔해졌고, 그 결과 달러 약세가 나타난 것이다. 2012년 나타난 원화 약세의 배경에는 이처럼 미국의 돈풀기가 깔려 있다.

여기에 대해 한국 정책당국이 취할 수 있는 뾰족한 묘안은 없다. 냉엄한 국제금융시장에서 한국의 목소리는 반영되지 않는다. 연구개발을 통한 제품 고급화를 통해 환율 파고를 넘는 수 밖에 없다. 일부 정치인들이 "미국이 양적 완화를 하지 못하도록 항의하자."고 얘기를 했던 모양인데 이는 참으로 순진한 발상이다. 소총 들고 탱크 행렬에 맞서는 모습이라고나 할까.

52
블록 경제와 팃포탯

● **중세** 영국의 존 왕은 수출입 물품 1파운드당 16펜스의 종가세를 부과했다. 종가세란 출고가격 또는 수입물건 등 과세물건의 가격을 기준으로 일정비율의 세율을 매기는 관세를 말한다. 이러한 관세는 오랫동안 왕실의 통상적이고도 관습적인 세입의 한 부분으로 간주됐다. 관습을 의미하는 'customs'가 관세의 의미도 갖게 된 것은 이 같은 역사에서 유래한다. 일반적으로 이 같은 관세는 세금부담을 소비자에게 전가시키고 국내의 보잘것없는 기업을 경쟁에서 보호함으로써 국제경제의 효율성을 저하시켰다. 18세기 애덤 스미스부터 줄곧 주창해온 자유무역주의는 이 같은 관세를 낮춰 교역량을 증가시키고 교역국가간 경제 후생을 높인다는 측면에서 폭넓은 지지를 받고 있다.

자유무역주의를 위한 세계의 노력의 결실이 다자주의 무역규범이다. 최혜국 대우와 내국민 대우를 기본 정신으로 GATT(관세와 무역에 관한 일반 협정)과 WTO(세계무역기구)가 각각 출범했던 것이다. 또 소수 회원국간 특혜적 조치를 허용하는 지역주의도 끊임없이 확산되고 있다. 지역무역협정은 당초 상품교역에서 발전해 서비스, 투자, 지적재산권, 정부조달, 경제정책, 환경, 제한된 범위의 인력이동 등으로 대상이 확장되는 추세다.

지역무역협정의 종류는 대략 5가지 정도로 분류된다. 1단계는 회원국간 관세만을 철폐하는 자유무역협정FTA로 북미자유무역협정NAFTA가 대표적이다. 2단계는 자유무역협정에 역외국에 대한 공동관세율을 설정하는 관세동맹으로 유럽경제공동체EEC와 남미공동시장MERCOSUR가 여기에 해당한다. 3단계인 공동시장은 관세동맹에 회원국간 생산요소의 이동을 허용하는 것으로 유럽공동체EC가 대표적인 사례이며, 역내 공동경제정책 수행까지 포괄하는 경제-통화공동체는 유럽연합이 모델이라 할 수 있다. 최종단계인 5단계는 초국가적 기구를 설치해 운영하는 완전경제통합단계이다.

물론 이 같은 자유무역협정이 무조건 회원국 국민 모두에게 이익이 되는 것만은 아니다. 예컨대 체결된지 10년이 지난 NA FTA의 경우 부유한 미국과 중산층의 캐나다, 개발도상국인 멕시코를 한지붕 아래로 묶음으로써 무역과 성장을 촉진한 측면은 있으나 혼란을 야기하기도 했다. 미국은 이득이 손실보다 컸지만 이득이 전 국민에게 골고루 돌아간 반면 고통은 일자리를 뺏긴 중서부지역에 돌아갔다는 것. 또 월마트 같은 대형 유통업체, 정부 보조금을 받는 농업기업체, 자동차와 부품업체 등은 이익을 본 반면 멕시코의 일자리를 증가시켜 히스패닉의 미국 유입이 줄어들 것이라는 생각은 잘못된 것으로 드러나고 있다.

그렇다고 자유무역주의가 포기돼서는 안된다는 게 역사의 산 교훈이다. 일반적인 경제학자들이 주장하는 보호무역주의의 결과는 근린궁핍화beggar-my-neighbor. 파괴적 게임으로 오로지 패자만이 존재하게 된다.

독일과 프랑스 등에서 시작된 보호주의 물결은 1차대전 이후 유럽, 미국 등으로 확산되면서 근린궁핍화를 초래했다. 미국의 경우 1929년 10월부터 이듬해 6월까지 2만 1000개 이상의 품목에 대해 관세를 50%이상 높여 부과하는 스무트-호트리 관세법안은 대공황의 결정적 요인이 됐다. 관세인상의 논리는 경기침체에 직면한 미국이 외국상품의 가격을 높여 수입을 줄이고 수출을 늘리는 한편 소비자들이 자국산 제품을 눈을 돌리게 한다는 것. 유럽도 이에 맞서 보복관세를 부과하며 자국 시장을 봉쇄했다. 각국이 관세 인하와 함께 자국 통화가치를 경쟁적으로 낮췄고, 수입을 삭감하는 한편 경기침체를 이웃 나라로 수출하는 데 성공했다. 자유무역의 최선봉이던 영국도 1032년 3월에 10%의 종가세 관세를 부과했으며, 그 해 7월에는 대영제국 전체에 걸친 보호무역정책이 이뤄졌다. 이같은 조치로 세계 무역은 종전보다 3분의 1수준으로 줄었다. 결국 각국이 경기침체의 멍에를 다른 나라에 덮어 씌우려는 '근린궁핍화' 조치는 모든

나라가 가난해지는 결과를 낳았다.그 결과 대공황의 여파는 1930년
대에 걸쳐 지속됐으며, 독일과 일본 등이 제2차 세계대전을 일으킨
이후에야 끝났다.

세계적 칼럼니스트 토드 부크홀츠는 이와 관련 20세기 최악의 경
제정책으로 1930년대 미국-유럽간 관세 보복조치를 꼽는다. 1929
년 미국 주가의 대폭락은 대공황의 시발점이었지만 정작 세계 경제
를 장기적 침체국면으로 이끈 것은 각국의 자국 수출 보호정책이었
다는 얘기다.

실제로 칠레는 남미 FTA네트워크의 중심 국가를 표방한다. 스웨
덴은 기술자, 이공계 등에 있어 외국인, 내국인을 차별하지 않으므
로 사실상 인력의 자유로운 이동을 도모한다고 할 수 있다. 실제로
다국적기업, 초국적기업은 이미 국가의 범위를 넘어서 사실상 모든
국경의 블록을 무력화시키고 있다.

게임이론에서 가장 효율적인 게 '팃포탯Tit-for-tat'이라고 한다. 로
버트 액설로드 미국 미시간대 교수는 팃포탯이라는 룰을 통해 신
뢰가 형성되고 안정적인 협력이 가능하다고 설명한다. 간단히 말해
'눈에는 눈, 이에는 이' 전략이다. 전략은 간단하다. 처음에는 상대
방에게 협력한다. 이후 상대방이 협력을 지속하면 좋은 관계를 유지
한다. 만약 상대방이 배신하면 보복하고, 배신한 상대방이 용서하면
협력 관계를 회복하는 식이다.

게임이론에서 가장 나쁜 것은 '보복의 악순환'이다. 아프리카에서
도 '죽음의 땅'으로 일컬어지는 소말리아의 경우 부족간의 보복으로

인해 국가시스템 자체가 망가진 상태다.

최근 세계 각국이 동시에 취하고 있는 금리인하를 통한 경기부양 책은 관세와는 다른 모습의 근린궁핍화로 해석할만하다. 금리를 낮춰 소비를 부추기고 이를 통해 경제를 살리려는 게 지구촌 차원의 거품을 증대시킬 수 있는 탓이다.

미국의 연방기금금리는 2008년 12월부터 제로 수준(0%) 수준에서 묶어두고 있으며, 이같은 상태를 2014년까지 지속할 것으로 약속했다. 그러면서 양적완화QE를 통해 돈을 풀고 있는 상황이다. 일본의 금리야 21세기 들어 아예 0% 수준에서 움직이지 않고 있으며 사실상 마이너스 금리가 적용되고 있다. 재정위기를 겪는 유럽도 당연히 금리인하에 동참하고 있다. 그러다보니 한국도 금리를 내려야 하는 상황이 됐다.

국가리더십 중 가장 손쉬우면서도 위험한 방안은 비용과 이익을 보이지 않게 골고루 분산시키는 대중적 리더십(인기영합주의)이다. 금리를 낮추면 기존 채무자들의 부담이 줄고, 적자재정을 편성하면 현 시점에서 국민들의 소득을 직접적으로 높이므로 당장의 인기가 올라간다. 현재 미국과 유럽 등은 지속적인 적자재정이라는 두통거리를 갖고 있다.

하지만 이 같은 정책은 통화의 남발을 초래해 인플레이션을 유발하고 장기적으로 물가 상승은 국민의 실질소득을 줄이며 빈부격차를 늘리게 된다. 무엇보다도 한계기업의 퇴출을 지연시켜 경제 구조 조정이 제대로 이뤄지지 않게 하고 소비자들이 이자부담을 갖지 않으므로 신용카드 사용증가 등 미래부채를 늘리는 결과를 가져온다. 이는 버블로 이어진다. 스페인 아일랜드 등의 부동산 버블은 이같은 저금리에서 촉발됐고, 역사상 버블은 언젠가 무너지기 마련인 것처럼 이들 나라들의 경제도 상당부분 망가졌다. 경제에는 공짜가 없기 때문이다. 세계적 차원의 금리인하의 역효과에 대해서도 곰곰이 되짚어 봐야 할 시점이다.

53
숫자는 진실을 가린다

● 수數라는 존재는 참 맹랑하다. 복잡하기 그지없는 우주 삼라만상도 숫자로 얘기하면 그럴듯하게 들린다.

복리계산법에서 나온 '피보나치의 수열', 천재의 역할을 중시하는 '1대 99의 법칙', 사회적 부의 배분을 설명한데서 탄생한 '80대 20의 파레토 법칙', 도의 경지에 이르려면 필요하다는 '1만 시간의 법칙(하루 3시간씩 10년)', 평범한 사람의 평균 인간관계를 설명하는 '250명의 법칙' 등 헤아리기조차 어렵다. 그래서 많은 학문, 특히 사회현상을 다루는 부문까지 수학으로 풀어보는 풍조가 만연한 듯하다.

그렇다면 숫자는 진실을 얘기해주는 것일까?

국민들은 2012년 9월 정부가 발표한 '물가 12년래 최저'라는 내용을 보고 깜짝 놀랐을 것이다. 8월 물가가 전달에 비해 0.4%, 전년

동월대비 1.2% 오르는 데 그쳤기 때문이다. 시쳇말로 '남편 월급하고, 아이 성적 빼고는 몽땅 다 올랐다.'고 하소연하는 주부들로서는 납득이 가지 않는 내용이다.

정부의 입장은 이렇다. 호우와 구제역이 강타한 2011년 8월(4.7% 상승)과 비교하다보니 '기저 효과'로 인해 상대적으로 낮게 올랐다는 것. 여기에 볼라벤과 덴빈 등 겹태풍이 8월27일 이후에 영향을 줬는데 물가조사는 25일 이전에 끝났다는 얘기다. 맞는 설명이다.

다만 한가지 간과한 부분이 있어 보인다. 바로 시장에서 늘 접하는 식료품 및 음료가 소비자물가에서 차지하는 비중이다. 최근 가격이 급등한 품목은 상추 대파 양배추 햇무 쪽파 시금치 등이다. '상추를 삼겹살에 싸먹는다'는 역설적 이야기도 있다. 하지만 이런 식료품을 모두 합쳐봐야 소비자물가에서 차지하는 비중이 14%에 불과하다. 결국 채소류가 10~20% 올라도 물가지수는 겨우 1%내외 수준에서 흔들릴 뿐이다. 숫자와 실제 현장의 느낌은 이렇게 큰 차이가 있을 수 있다.

통계도 마찬가지다. 통계는 정치의 여론조사, 기업의 소비자조사 등에서 숱하게 쓰인다. 그러나 조사 대상과 시기, 질문방법 등에 따라 엄청난 오류가 발생할 수 있다.

대표적인 게 '복합질문의 오류'다. 두 가지 문제를 한 질문에 넣을 경우 둘 중 하나에만 동의해도 두 가지 질문에 답하는 결과가 나타난다. 예로 '이 제품의 디자인과 성능이 좋다고 생각하는가?'라는 질문을 들수 있다.

전화, 방문 면접 등에 따라 결과가 달라지기도 한다. 최근 모 정당의 모바일투표가 문제가 되는데, 통화 끊는 것을 방지하기 위해 질문과 보기를 짧게 만드는 경우 정확한 파악이 힘들어진다.

질문의 묻는 방식이 긍정형인지 부정형인지에 따라 천차만별의 차이가 난다. 행동경제학자 댄 애리얼리의 유명한 '장기기증 실험' 대표적인 사례다. 설문조사에서 장기기증 비율이 영국 네덜란드 오스트리아는 10~15%에 불과했다. 여기선 '기증함'에 체크하도록 설계돼있었다. 반면 독일 프랑스 벨기에 등에서는 90%를 넘었다. 여기선 '기증하지 않음'에 체크하도록 되어 있었는데, 이 문항은 '(기증하지 않으면) 사회적 의무의 소홀'이라는 심리적 부담감을 주는 효과를 발휘했다.

설문 보기에서 '보통, 그저 그렇다, 중도' 등이 있으면 대부분 가운데 쪽으로 쏠리는 '중간값 수렴현상'도 경계대상이다.

국가, 민족, 종교, 성별, 연령 등에 따라서도 답변은 천차만별이다. 경제든 정치든 '소비자는 진실을 말하지 않는' 경우가 너무 많다. 연구 결과에 따르면 커뮤니케이션의 55%가 얼굴 표정을 통해 이뤄지고, 38%가 목소리 톤에 의해 행해지며, 불과 7%만이 언어적 표현에 의해 완성되기 때문이다. 언어가 차지하는 비중은 지극히 낮다는 것. JP 모건은 이에 대해 "사람이 결정을 내릴 때는 두 가지 이유가 존재한다. 합당한 이유와 진짜 이유가 그것이다."이라며 언어적 표현에 대한 신뢰의 한계를 경고했다.

실제로 소비자의 구매 결정에서 제품 정보보다 감정이 두 배나 더 중요한 역할을 하므로 단순한 통계는 믿을 수 없다는 사례가 수없이 많이 보고되고 있다. 예컨대 팬티스타킹이 처음 출시됐을 때 입겠다고 답한 여성은 거의 없었는데 나오니 대박이었다. 과거 뉴코크가 나올때 시험반응은 좋았으나 막상 출시된 후에는 대실패였다.

요즘 수치로 나오는 경제지표가 대부분 빨간색이다. 그러다보니 사람들의 마음도 자꾸 오그라들고 왜소해진다. 하지만 사람들의 상상력을 뛰어넘는 혁신적이며 최고수준의 제품과 서비스는 숫자를 뛰어넘어 전진한다. 싸이의 '말춤'처럼.

VI

멈춰서서
느껴보는
단상

54
모든 것은 지나간다

● **연말은** 기업에 있어 1년 농사를 마무리하는 시기다. 새로운 한 해를 준비하는 시점의 의미도 있다. 그래서인지 기업마다 인사가 한창이다. 새롭게 조직을 정비해 새로운 마음으로 다음 한 해를 준비한다는 취지에서다. '잘난 사람 팍팍 올라가는 계절'이 바로 12월이다.

삼성그룹의 인사를 보면 임원 승진이 무려 500명에 이른다. 다른 대기업들도 수없이많은 인사들이 임원 반열에 올랐다.

매일경제신문은 2011년 말에 단행된 대기업의 인사 특징을 '파워POWER'라는 키워드로 설명했다. 5가지 특징 즉 △성과주의 Performance △오너십 강화Ownership △여성 발탁Woman △엔지니어 중용Engineer △조직 재편Rebuilding에 대해 앞 글자만 따서 단어를 만들다 보니 '파워'라는 단어가 나왔다.

2012년 말 기업들의 임원 인사 키워드로 스펀지SPONGE가 제시됐다. 한국CXO연구소에 따르면 스펀지는 △50대 후반부 연령대 강세second half △가지치기pruning △성과output △인맥network △우울한 승진gloomy promotion △계란형 인재egg style에 해당한다.

여기서 가치치기는 불황에 따른 구조조정 여파로 기업들이 내년 임원 숫자를 5% 이상 줄이는 것을 의미하며, 우울한 승진이란 임원이 됐어도 1~2년내 물러날 사람들이 많을 것임을 뜻한다. 계란형 인재란 끓는 물에서 더 단단해지는 계란처럼 위기 상황에서 주력 사업을 더 견고하게 할 수 있는 인재를 말한다. 경기가 불투명할 때는 신사업이나 인수합병 등을 통해 몸집을 불리는 데 능한 '풍선형 인재'보다 주력 사업의 내실을 다질 수 있는 인재가 각광받는 다는 것이다.

대기업 임원이 되면 정말 대우가 달라지고 파워도 세진다. 임원이 되면 일단 연봉이 뛰고 고급 승용차와 함께 차량유지비, 보험료 등이 지원받는다. 해외 출장을 갈 경우 비즈니스 항공권을 이용할 수 있으며, 특급호텔에서의 숙박도 보장받는다. 무엇보다도 가족 친지 동료들에게 '나는 성공했어'라고 목에 힘을 줄 수 있는 게 가장 큰 보람일 것이다. 다가오는 크리스마스와 새해가 따뜻할 수 밖에 없다.

하지만 세상에는 늘 빛이 있으면 그림자도 있게 마련이다. 12월은 '못난 사람 물러나는 계절'이기도 하다. 삼성에서 501명이 승진했다면 소리소문 없이 물러나는 사람도 최소한 300~400명은 될 것이다. 실적이 부진해서, 나이에 밀려서, 윗사람에게 밉보여서, 오너 친인척이 아니어서 등 여러 이유가 있겠지만 이들에게는 참으로 씁쓸한 때가 12월이다.

하필 크리스마스가 코앞인데 가족 앞에서 얼굴을 들기가 쉽지 않을 것이다. 그래서 사람을 떠나 보내는 기업 경영진은 이들의 아픔을 다스려줄 지혜를 발휘해야 한다고 본다. 실의에 빠지지 않도록 늘 신경을 써주고, 다른 활로를 모색하도록 도와줘야 한다는 얘기다. '떠나는 자들에 대한 배려'는 남아있는 조직원들에게 희망으로 작용해 오히려 기업 경영에 득이 된다는 연구결과도 있다.

흔히 사람들이 인생을 얘기할 때 '기쁨도 잠시, 슬픔도 잠깐'이라고 한다. 사람의 뇌라는 게 신통한 존재여서 대부분의 지나온 행적을 금세 금방 잊게 된다는 것이다. '시간이 약'이라는 말처럼.

새롭게 임원으로 승진한 사람들도 마냥 기뻐할 수는 없다. 그들에게는 커다란 보상의 대가로 무거운 책임이 따른다. 1년 단위로 고용계약이 체결되는 만큼 끊임없는 성과창출의 압박에 시달려야 한다.

몸담아온 기업을 떠난 사람도 다시 생각하면 '새로운 기회가 열렸다'로 인식할 수도 있다. 매일매일 윗사람에게 불려가 혼났던 기억을 떠올리다 보면, 그리고 스트레스를 풀료고 즐겨온 술과 담배에 찌들어 망가져버린 위장과 간장을 돌이켜보면 '내 몸을 너무 힘들게 끌고 왔구나'라는 생각을 할 수 있다. 사람은 늘 '과거는 달콤하게, 미래는 불안하게' 인식하는 경향이 있다 나이가 들수록 보수적인 성향이 강해져서 변화를 두려워한다. '습관은 뇌의 정체'를 뜻하는데

차라리 매일매일 출퇴근하던 생활양상을 바꿀 수 있는 이번 기회를 '변화의 시작'으로 인식하는 게 어떨지.

개인적으로 가장 좋아하는 표현은 '그것 또한 지나가리라.'라는 말이다. 기쁨과 즐거움, 슬픔과 괴로움 모두 시간이 해결하게 될 것이다.

'따뜻한 봄'이 하루하루 다가오기에 추운 겨울이 의미가 있는 것처럼.

55

썩은 사과 버리기

● '용재수필容齋隨筆'은 마오쩌둥이 평생 손에서 놓지 않은 책이다. 지도자의 최고 덕목은 인재경영이라며 중국 고사를 빌려 인재 활용법을 다루고 있다. 마오쩌뚱은 임종이 임박해서도 이 책을 찾았다. 마지막까지 인사를 통해 권력을 행사하려고 했다. 그의 의지는 결국 '목숨은 유한하다.'는 만고불변의 진리에 의해 좌절됐다.

마오쩌둥은 사후 중국 정부에 의해 '공功은 7, 과過는 3'이라는 평가를 들었지만 실제로는 '중국을 오랫동안 죽의 장막에 가둔 인물'로 회자된다. 모든 인물은 그 인물이 남긴 유산으로 평가되는데, 그는 중국에 '가난'이라는 유산을 남겼다(그가 중국의 세계무대 데뷔를 늦춘 덕분에 한국이 경제발전을 이뤘으니, 한국 경제 발전의 1등 공신은 마오쩌둥이라는 우스갯소리도 있다).

2011년은 마오쩌둥과 비슷한 인생궤적을 그린 인물이 대거 사라진 해로 기억된다. 튀니지의 제인 엘 아비디네 벤 알리 대통령, 호스니 무바라크 이집트 대통령, 무아마르 카다피 리비아 국가원수, 알리 압둘라 살레 예멘 대통령… 중동에서 시작된 '권력자의 몰락'은 급기야 대륙을 넘어 동진하더니 김정일 북한 국방위원장에서 마침표를 찍었다.

권력자들의 통치기간을 보니 참 길다. 벤 알리 23년, 무바라크 30년, 살레 33년, 카다피 42년, 김정일은 아버지인 김일성 주석까지 합치면 66년. 특히 북한은 김정은으로 이어지는 3대 세습까지 진행하고 있으니 66년에서 얼마나 더 길어질지 모르겠다.

국가 최고경영자로서 그들이 남긴 유산은 정말 한심한 수준이다. 기간이 길수록 더 심각하다. 1인당 국민소득을 보니 튀니지 이집트 예멘 등이 2000~3000달러 수준이다(리비아는 산유국이어서 1만 1000달러 수준이다). 별로 나오는 게 없는 북한은 600~700달러 내외로 평가된다. 이들은 국가 경영을 하면서 산업발전은 도외시한 채 국가가 보유한 자원에만 의존했다. 그러다 보니 앞으로도 발전 전망이 매우 어둡다.

2011년 한해 동안 몰락한 권력자들이 남긴 '가장 나쁜 유산'은 국민 정신의 파괴였다. 오랫동안 독재를 하면서 '우민화 정책'을 펼치다 보니 국민들의 정신이 파괴되고 뒤처졌다. 물질이야 노력하면 회복된다지만, 정신적 트라우마는 치유되는 데 한 세대 이상이 걸릴지 모른다. 역사의 궤도를 이탈한 열차가 다시 원상복구하는 데는 엄청난 시간이 걸리기 때문이다. 사람이 떠난 자리에 '향기'가 남아야 마땅하나, 그들이 사라진 곳에서는 진한 악취만 풍기는 상황이다.

정치의 최고권력자 못지않게 자신이 남긴 '유산'으로 평가되는 이들이 최고경영자들이다. 좋은 경영자들도 많지만 부하들을 다그치며 매일매일 목소리를 높이는 '실적 지상주의 리더'들도 각광받는 게 현실이다. 필요하다면 시체라도 짓밟고 갈 수 있는 철면피가 있어야 조직이 살아남는다고 믿는 이들도 많다. 그런 사람들도 뒤돌아보면 어느덧 자신도 떠날 때가 되었음을 알게 된다.

올해 매일경제 기업경영팀이 보도한 커버스토리 가운데 최고 인기를 끈 게 '썩은 사과'였다. 조직에 만연한 '썩은 사과로 표현되는 인물'은 조직을 망치고 부하들을 망치고 결국엔 자신도 망친다. 모두 자신이 지나간 자리에는 흔적을 남긴다. 자신의 흔적(유산)이 어떤 모습이고 어떤 평가를 받을지는 스스로 어떻게 지내왔는지에 의해 결정된다. 대부분의 사람이 그것을 모르거나 알면서도 실천하지 못하기에 세상은 늘 각박해지고 시끄러운 것 같다.

56

진정한 컨넥팅이 답이다

● 2010년 월드컵이 열린 남아프리카공화국. 넓은 국토에 풍부한 광산자원, 비옥한 농경지, 관광명소를 갖춘 이 나라에서 크게 발전한 산업이 있으니 바로 경비산업이다. 여기에는 역사적인 배경이 있다.

남아공은 오랫동안 아파르트헤이트Apartheid(인종차별정책)로 악명이 높았다. 아파르트헤이트란 '분리 혹은 격리'를 뜻하는 아프리칸스어다. 아프리칸스어란 남아공에서 살고 있는 네덜란드계 백인들이 사용하는 언어를 말한다. 이들은 17세기 중엽 이주할 때부터 인종차별에 나섰고, 1948년 아프리칸스를 중심으로 구성된 국민당의 단독정부 수립 이후 한층 이러한 정책을 강화했다. 약 16%의 백인이 84%의 비백인을 정치 경제 사회적으로 차별한 것. 소수가 다수를 지배하다 보니 자신들의 안전을 위해 주거지를 분리해야 했고, 경비를 강화할 수 밖에 없었다. 경비산업은 그 와중에 자연스럽게 발전했다. 하지만 국제적인 비난을 받은 아파르트헤이트는 영속할 수 없었고, 오늘날 백인들은 점차 남아공에서 정치적으로 소외되고 세력도 잃어가고 있다.

'로마인 이야기'로 유명한 시오노 나나미는 "성을 쌓은 자는 망하고 길을 내는 자는 흥한다."고 얘기했다. 그러면서 기원전 40년 로마를 둘러싼 세르비우스 성벽을 허문 율리우스 카이사르를 영웅으로 평가했다. '모든 길은 로마로 통한다.'는 말을 실천했고 '팍스 로마나'의 기반을 만들었다는 취지에서다.

이러했던 로마는 300년이 지난 서기 279년에 19킬로미터에 달하는 아우렐리아누스 성벽을 15미터 높이로 쌓아 올린다. 성벽은 로마를 '영원한 도시'로 만들 것처럼 보였다. 실제로 로마시민들은 그렇게 인식했다. 하지만 410년 서고트족이 침입해 로마로 통하는 모든 도로와 다리를 봉쇄하자 성벽은 포위망으로 변한다. 시민들이 성벽 안에 갇히는 형국이 된 것. 식량이 바닥나고 전염병이 돌자 성벽은 열릴 수 밖에 없었다. 내통자가 성문을 여니 성벽은 무용지물로 변한 것. 4만여명의 고트족 병사들은 시내로 밀려 들어와 당시의 관례대로 3일간 약탈을 자행했다.

성城의 대명사는 만리장성이다. 높은 산을 가로질러 뻗어 나가는 모습은 보는 이들로 하여금 탄성을 터뜨리게 만든다. 만리장성이 물 위를 달리는 곳도 있다. 허베이성과 랴오닝성의 분기점에 위치한 지

우먼커우九門口장성이 여기에 해당한다. '성이 물 위를 달린다.'고 하여 수상장성으로 불리기도 한다. 어떻게 이런 곳에 장성을 쌓을 수 있었는 지 놀랍기만한 모습이다.

수많은 세월동안 백성들의 피와 땀과 울음과 한이 쌓인 장성은 중국을 안전하게 지켜줬을까? 전혀 그렇지 않다. 몽골의 기마병들은 만리장성을 돌파한 후 원나라를 세웠다. 만주벌판에서 일어난 청나라는 만리장성 동쪽끝인 산해관을 넘어 중원을 점령하고, 20세기 초까지 지배했다.

성城은 영역 구분을 뜻하며 단절과 분리를 의미한다. 연결이 되지 않고, 소통이 되지 않으며, 고립됐음을 의미한다. 그 결과는 쇠약이다.

역사에서 배워서인지 요즘 많은 사람들이 '성을 쌓지 않아야한다.'고 강조한다. 성벽에 갇히면 발전이 없고 쇠망으로 가기 때문이다. 그러면서 소통과 연결을 강조한다. 하기야 지금은 모든 산업도 하나의 생태계로 인식돼 상호 연결(컨넥팅, connecting)되는 게 대세다. 2012년 초 열린 미국 소비자가전쇼CES나 스페인 바르셀로나에서 개최된 '모바일 월드 콩그레스MWC'에서도 '연결'이 주요 화두였다.

하지만 외면적으로 '컨넥팅'이 강조될 뿐 심리적으로 모든 사회가 그렇게 가고 있는 지 궁금하다. 대기업과 중소기업, 부자와 빈자, 도시와 농촌, 오너와 임직원 등 대한민국 구성원들의 최근 관계를 보면 오히려 '아파르트헤이트'가 더욱 기승을 부리고 있다는 생각도 든다. 성을 쌓고 멀어진다는 얘기는 조만간 망한다는 것과 일맥상통하는 데도 그렇다.

57

말의 무게와 적절성

● 말을 뜻하는 한자는 '언言'이다. 이 글자는 '입 구口'와 '매울 신辛'으로 구성돼 있다. '辛'은 옛날 글자나 문신을 새길 때 쓰는 칼을 뜻했다. 이렇게 볼 때 '언言'은 '입으로 새기는 말'이라는 의미를 지닌다고 할 수 있다. 말이란 본래부터 '어떤 애매한 소리'가 아니라 '똑바로 하는 말'이라는 얘기다.

사람들은 원래 생각을 표현하기 위해 말을 사용했다. 그러다 보니 모든 사유가 언어에 기반을 두고 이뤄졌다. 언어 자체가 생명력을 가지면서 당초 '생각이 언어로 표현되는 것'과 반대로 '언어가 생각(사고)을 지배하는 일'이 벌어졌다. 말을 바꾸면 생각도 바뀐다는 얘기다. 부부사이에 존댓말을 쓰면 서로 더 존중하게 되는 것처럼. '워피안Whorfian의 법칙'이란 것도 있는데 이는 '우리가 배우는 언어가 우리의 인식형성 과정에 영향을 미친다.'는 것을 의미한다.

많은 분야에서 말의 중요성은 강조된다. 정치권에서는 특히 단어 선점과 언어 구사에 신경을 쓴다. 잘 선택된 말 한마디가 정치 이슈의 비중을 크게 좌우하기 때문이다. 2012년 4·11 총선도 축약해 표현하자면 '막말 심판' 대 '정권 심판'으로 볼 수 있었다. 결과로 보면 '막말 심판'이 이겼고, 막말의 장본인들은 그 무게에 짓눌려 줄줄이 퇴출됐다.

정치인들은 언어훈련이 잘돼서인지 촌철살인의 표현을 즐겨 쓴다. 필자의 경험 한 토막. 지난 과거를 돌이켜보면 많은 정권에서 권력형 비리가 저질러졌고, 수많은 재벌가에서 재산싸움이 벌어졌다. 야권의 한 유력 정치인은 이를 "권력은 측근이 웬수고, 재벌은 핏줄이 웬수다."라고 정리해줬다. 그 깔끔함에 탄복했다.

말은 경영에서도 매우 중요하다. 기업 내에 흐르는 언어가 조직을 바꾸는 일도 많다. 창조성의 대명사인 스티브 잡스를 보자. 그는 "해군이 아니라 해적이 돼라(Pirates! Not the Navy!)."는 말을 즐겨 썼다. 이는 스스럼없이 남의 것을 베끼되 이를 혁신적으로 재창조한 애플의 가치와 문화를 상징한다. 해적이 상징하는 돌출행동과 모험심으로 뭔가 새로운 것을 이뤄보겠다는 의지가 엿보인다.

이건희 삼성 회장이 93년 얘기한 '마누라만 빼고 다 바꿔라.'도 참 대단했다. 당초 신경영만 얘기했다면 그게 가슴에 와 닿겠는가. 아마도 신경영의 뜻이 무엇인지에 대한 갑론을박만 있고, 이 회장이 전파하고자 했던 메시지는 크게 희석됐을 것이다. 이 회장이 95년

베이징에서 말한 "기업은 2류, 행정은 3류, 정치는 4류."라는 말은 지금도 유효한 듯하다. 이 회장은 나중에 "국가 경쟁력을 높이려면 국민·정부·기업이 삼위일체가 되어 열심히 노력해야 한다는 심정을 나타낸 것."이라고 설명했다. 그 심정을 간단한 비유로 너무 잘 전달했다는 것이 솔직한 느낌이다.

실제로 온갖 미사여구로 장식돼 붓글씨로 쓰여진 사훈도 큰 감명을 주지 못한다. 많은 사훈을 볼 때마다 어린 시절 뜻도 모르고 외웠던 국민교육헌장의 '우리는 민족 중흥의 역사적 사명을 띠고…'가 생각난다.

흔히 인재의 요건 중 하나로 지식이 꼽힌다. 하지만 요즘 더 중요하게 여겨지는 게 커뮤니케이션 능력이다.

언제부터인지 국어보다 영어가 더 중시되는 분위기지만, 최소한 대한민국의 진정한 인재는 '한글을 아름답고 적절하게 잘 구사하는 사람'이 아닐까 생각해본다.

58

전문가와 예언가

● **뒤숭숭한** 세상이면 혜성처럼 등장하는 존재들이 있다. 소위 전문가와 예언가들이다. 이들은 사람의 미래부터 한 나라의 경제와 세계의 정치 상황과 경제 변화까지 세밀히 진단하고 방향을 알려준다. 친절하게 조언도 해준다.

경제부문 예언가들은 대체로 경제 위기나 몰락이 현실화될 때 명성을 얻는다. 전문가적인 혜안을 보였다는 이유에서다.

경제비관론자인 '닥터둠' 누비엘 루비니는 2008년 글로벌 금융위기때 세계적인 명사가 됐다. 부동산 붐이 더이상 갈수 없으며, 그 결과는 금융의 몰락이라는 게 그의 논리였다. '블랙 스완'을 유행시킨 나심 탈레브도 금융위기를 계기로 세계적인 구루 반열에 올랐다. 워런 버핏은 2007년 중국 주식시장이 과열됐다며 주가하락을 예측해

'역시, 투자의 현인은 다르다'는 인정을 받았다. 모건스탠리 이코노미스트였던 엔디 시에는 버블 예측의 권위자였다. 헤지펀드 키니코스의 짐 채노스는 분식회계의 대명사인 엔론의 몰락을 내다본 것으로 유명하다.

그렇다면 전문가들은 향후 미래도 정확히 예측할 수 있을까? 우선, 주가의 상승과 하락에 대한 미래 전망을 보자.

'하느님도 모른다'는 주가의 움직임을 3차례 연속 맞히면 전문가적 자질이 있다는 소리를 듣게 된다. 그러다가 4차례, 5차례 연속으로 정확히 예측하면(경제, 시사용어를 섞으면 더 그럴듯함) 옆에 사람들이 우르르 몰려들 것이다. 자신들에게도 비법을 가르쳐 달라면서.

하지만 확률적으로 계산하면 5차례 연속 맞추는 것도 그리 놀랄 일이 아니다. 상승과 하락의 확률이 정확이 '2분의 1(0.5)'이라고 하면 5번 연속 성공확률은 32분의 1이 된다. 수치로는 0.031로서 약 3%에 해당한다. 이는 달리 표현하면 100명이 무작위적으로 주가 예측을 할 때 그중 3명은 5번 연속 맞출 수 있다는 의미다. 100명중 1명은 (통계적으로) 7번 연속 맞힐 수 있다.

개인적으로 미래를 잘 내다본다는 전문가들도 연속 5차례 이상 맞췄다는 얘기를 거의 들은 적이 없다. 비관론자인 스티븐 로치는 2009년 '미국 소비자들이 몬스터 쓰나미에 맞딱뜨릴 것'이라고 했는 데 정확했는지 모르겠다. 하기야 매년 그해 최고의 애널리스트나 이코노미스트를 뽑을 때 보면 2~3년 연속 톱10에 드는 경우는 거의 없다.

실제로 전문가들은 일반적인 예측보다 틀릴 때가 많다. 상식보다는 독창적으로 사고를 하고, 일관성을 지닌채 설명하려고 하며, 여러가지 복잡한 사안을 무조건 엮어내려고 노력하기 때문이다. 이들은 사건이나 현상을 얘기할 때 '종합적이고, 섬세하며, 구체적이고, 자연스러우며, 심도깊고, 사실적이며, 생생하고, 진정성이 있다.'는 평가를 들으려고 애쓴다. 그러다보니 자칫 단순하게 세상을 해석하려는 일반인과는 동떨어진 곳에서 허상을 좇는 수가 있다.

국내 기업들은 1997년 외환위기를 거치며 전문가들의 고견을 구하는 경우가 많았다. 외부의 시각으로 기업을 진단하고 조직을 개편해 새롭게 재탄생시키려는 노력이 줄을 이었다.

하지만 결과는 그리 신통치 못한 경우가 많았다. 컨설팅업계에서 자칭 '최고'라고 하는 업체가 솔루션을 제공한 업체 가운데 크게 성공을 거둔 경우는 많지 않았다. A전자업체는 크게 실패했고, 이름만 대면 알만한 B은행, C생명보험, D화학 등 해당 부문 대표기업들의 성과도 기대 이하였다.

국내 업체들을 보면 외부에 무작정 의존하기보다는 내실을 다지고 미래를 확신하며 묵묵히 기술과 품질 향상에 매진한 기업의 성공 사례가 많았다. '환자 자신의 병을 가장 잘 아는 사람은 의사보다는 환자 자신'이라는 말이 맞았던 셈이다.

요즘 글로벌 상황이 매우 수상쩍다. 그래서인지 많은 예언가적 기질의 전문가들이 다각도의 진단과 처방을 쏟아내고 있다. 이들의 '혜안'중 우리에게 약이 되는 옥玉같은 부분은 몇 퍼센트나 될까.

59
행복을 이어 가려면

● **찰스 디킨스는** 19세기 영국의 대문호다. '위대한 유산' '크리스마스 캐럴' 등 수많은 작품을 남겼다. 그의 자전적인 소설 '데이비드 카퍼필드'에 이런 표현이 나온다. 일명 '미카버의 원칙'으로 영어권에서 널리 알려져 있는 구절이다.

"연간 수입이 20파운드에 지출이 19파운드 19실링 6펜스면 행복한 사람이다. 연간 수입이 20파운드에 지출이 20파운드 6펜스면 불행한 사람이다."

당시 화폐단위로 6펜스를 파운드로 바꾸면 겨우 0.025파운드에 해당한다. 푼돈의 차이로 행복과 불행이 갈린다는 것. 디킨스가 여기서 말하고 싶은 요지는 '빚을 지지 않는 인생의 중요성'이다. 그의 이러한 생각은 금전관념이 희박했던 아버지로 인해 12살 때부터 공장에서 일해야 했을만큼 빈곤의 고통을 겪었던 경험에서 비롯됐다.

디킨스가 강조했던 '빚=불행'이라는 진리가 작금의 세계를 강타하고 있다.

세계 경제에 먹구름을 드리우고 투자자들을 우울하게 만드는 유럽 재정위기가 대표적이다. 재정위기란 쉽게 풀이하면 정부가 수입(세수)보다 많은 돈을 썼다는 의미다. 그러다보니 곳간이 비게 되고, 부끄럽지만 어쩔 수 없이 외부에 도움의 손길을 내밀게 된다.

최대 이슈가 되고 있는 스페인을 보자. 스페인의 2012년 재정적자 목표는 GDP 대비 5.3%다. 문제는 경제성장률이 '마이너스 1.7%'로 재정적자의 목표 실현이 어렵다는 것.

여기에 끝없이 떨어지는 부동산가격도 문제를 더욱 꼬이게 한다. 스페인 주택가격은 고점 대비 27% 가량 떨어진 것으로 추정되며, 추가적으로 25% 가량 더 떨어질 것이라는 전망도 있다. 스페인 가계자산의 약 79%는 부동산으로, 집값 하락은 곧 국민들의 부富가 크게 감소함을 뜻한다. 스페인 국민들도 우리나라 사람처럼 은행 대출을 끼고 집을 사는 경우가 대부분이므로 주택가격 하락은 곧 금융 부실로 이어진다. 은행권의 부실여신 비율은 올해 3월말 기준으로 8.13%로 추정되며, 최고 15%까지 올라갈 것이라는 얘기도 있다. 스페인의 정부나 개인이나 모두 빚더미에 짓눌려 있으니 미래는 암담할 수 밖에 없고, 당연히 행복지수는 떨어진다.

'골칫덩어리' 그리스는 더 문제다. 정부부채가 2011년말 기준으로 GDP 대비 165.1%나 된다. 그런데도 정치권이나 국민 모두 고통 감내는 뒷전이다. "왜 스페인보다 우리를 더 가혹하게 대하느냐?"고화를 내는 판국이니 해결이 요원해보인다.

빚에 휘둘리기는 미국도 예외가 아니다. 미국 중산층은 2008년 금융위기로 인해 과거 20년동안 쌓아온 부를 날린 것으로 조사됐다. 소득순으로 가계를 나열했을 때 정중앙에 위치한 가계의 재산은 2007년 12만 6400달러에서 2010년 7만 7000달러로 38.8%나 떨어진 것으로 나왔다. 부동산 가격이 폭락하다보니, 대출을 끼고 집을 산 사람들은 허다하게 쪽박을 찼다.

한국도 '빚의 공포'에서 예외는 아니다. 경기 불황속에 자영업자의 빚은 늘어만 간다. 재무구조가 좋지 않은 중견 · 중소기업들은 언제 넘어질지 몰라 불안해하는 실정이다.

과거를 돌이켜보면 1997년 외환위기 당시 빚이 많은 기업과 가계는 정말 호되게 당했다. 하지만 그 후 경기가 살아나니 재난의 쓰라린 기억은 잊고 다시 빚을 쓰기 시작했다. '외상이라면 양잿물도 마신다'는 옛 말이 틀린게 하나도 없다(금융기관은 대출을 종용하면서 절대 '빚'이라는 단어를 쓰지 않는다).

그리고 보면 인류의 역사는 '재난-걱정-안정-망각-재난'으로 이어지는 주기의 반복이란 말이 맞는 듯 하다. 10여년 전 외환위기가 온 나라를 강타하면서 매일 구조조정이란 단어가 신문과 방송을 장식하던 시절, 입에 달고 살았던 '현금이 왕'이라는 얘기를 기억하는 기업이나 가계가 얼마나 되는 지 모르겠다.

60

늘 이기는 비법

● **청년** 실업은 어느 나라에서나 골칫거리다. 일자리가 없다보니 빈둥거리게 되고 자연스럽게 부모에게 얹혀 지낸다. 경제적으로 자립하지 못하다보니 결혼해서 가정을 꾸릴 수도 없다. 이들은 국가적·사회적인 측면에서 생산력의 낭비로 이어지고, 사회 불안요인이 될 수 있다.

나라마다 이들을 가리키는 용어가 생겼다. 한국에서는 캥거루족으로 불린다. 취직을 하지 않거나 취직을 해도 경제적으로 독립하지 못해 어린 캥거루처럼 부모의 품에서 지낸다고 해서 이러한 명칭이 붙었다. 2012년 현재 50만 명에 이르는 것으로 추저오디고 있다.

미국에서는 중간에 낀 세대betwixt and between라고 하여 트윅스터twixter로, 영국에서는 부모 연금을 축낸다고 하여 키퍼스kippers로 불린다. 프랑스에서는 2001년 영화 '탕기tanguy'에서 유래해 '탕기'라고 부르는데, 영화는 28세에 중국어와 일어에 능통한 주인공이 강사와 과외로 월 4천달러 수입이 있는데도 부모 집에서 나가지 않으려고 하는 내용을 담고 있다. 이탈리아에서는 어머니가 해주는 음식에 집착하는 사람을 일컫는 맘모네mammone, 독일에서는 집에 눌러 앉아 있는 사람을 가리키는 네스트호코nesthocker, 캐나다에서는 이리저리 떠돌다가 집으로 돌아와 생활하는 부메랑키즈boomerang kids라고 한다. 일본에서는 니트족NEET, not engaged in education, employment or training이라고 하는데 취업인구 가운데 미혼으로 학교에 다니지 않으면서 가사일도 하지 않는 사람을 가리킨다. 무업자無業者라고도 한다. 중국에서는 일명 '기생독신, 어른 아이'로 불린다. 2012년 11월 중국 상하이에서는 68세의 아버지가 결혼도 못하고 경제적으로 독립하지 못한 아들(39세)과 말다툼을 벌이다가 칼로 찔러 죽이는 사고가 발생하기도 했다.

캥거루족의 실현은 어려서부터 경제 마인드를 키우지 못한데 따른 결과일 가능성이 높다. 오로지 부모의 보살핌 속에서 학교만 다니다보니 정작 사회에 대한 적응력이 떨어진다는 것. 이재를 하는 방법을 전혀 모른 채 사회에 첫발을 내딛기 일쑤다. 특히 대학을 졸업하고 군복무까지 마치면 20대 후반이 되는데, 이 때부터 돈과 직장에 대해 배우면 당연히 느릴 수 밖에 없는 것이다. 어릴 때 실패의 사례를 거의 만들지 못한 상태에서 끊임없는 경쟁을 요구받게 되므로, 스트레스도 많아지고 점차 자신감도 줄면서 캥거루족으로 변해간다.

이러한 캥거루족을 타파하는 데 세계 최고의 교육을 한다는 유대인들이 참고가 될 수 있겠다. 유대인들은 16세가 되면 성인식을 한다. 성인식에 참석한 부모와 친척들은 최선을 다해 돈을 모아 통장을 만들어 주고, 아이사 사회에 나갈 때는 그 돈을 밑천으로 삼게 된다. 흥미로운 사실은 아이가 자신의 통장을 갖게 되면 세상을 보는 눈이 달라진다는 것. 예컨대, 성인식을 치르면 '나도 얼마 지나지 않아 독립을 하는구나. 그 때를 대비해야겠구나'라고 생각하게 된다. 그러면서 자신의 적성을 열심히 찾게 된다. 공부에 관심이 있는 아이는 곧바로 성적이 크게 향상되기도 하며, 사업가로서 기질을 갖춘 사람은 세상을 헤쳐 나가는 방법을 찾게 된다. 특히 어린 나이에 사회에 적응훈련을 하므로 실패해도 재기의 기회가 주어지게 되며, 그 실패 경험이 나중에 성공의 밑천이 되는 경우가 많다.

유대인의 성공에는 긍정적인 마인드도 한몫을 한다. 오랜 세월 동안 핍박을 받으면서도 버텼던 힘은 언젠가 '약속의 땅(팔레스타인)'으로 돌아간다는 믿음 속에서 희망을 잃지 않고 살았기 때문이다.

실제로 영국 런던정경대와 유니버시티칼리지런던 연구진의 분석 자료도 있다. 연구 대상은 1994년 당시 만 16세였던 미국 청소년 1만명의 13년간 기록. 아이들은 16세와 18세때 '나는 행복하다, 나의 미래는 희망적이다'는 보기를 보고, '항상 그렇게 느낀다'부터 '전혀 그런 적이 없다'까지 5가지 척도에서 하나를 골랐다. 22세 때는 '삶에 만족하는가'라는 질문을 받고 역시 5단계에 걸쳐 답을 하도록 했다. 그후 세월이 흘러 29세때 이들의 답변과 소득의 상관관계를 분석했다.

결과는 놀라웠다. 전체 평균소득은 3만 4632달러였는 데 가장 부정적인 답변을 한 층은 평균보다 30% 낮은 반면 가장 긍정적이었던 답변을 한 층은 평균보다 10% 이상 높았던 것. 두 계층간 차액은 연간 1만 달러에 달했다. 특히 동일한 부모에게서 태어난 형제 · 자매만 분석했더니 행복감 척도의 단계당 소득 격차가 무려 4천 달러나 됐다. 밝고 긍정적일수록 심리적 낭비가 덜하고 학업 집중도가 높아 성공 가능성이 높아진다는 얘기다.

늘 전투에서 '연전연승'을 거둔 장군의 비법이 있다.

그는 전투를 앞두고 부하들을 앞에 섰다. 그리고 단언했다. "동전을 던져 앞면이 나오면 우리가 반드시 이긴다."

그는 모두 침묵을 지키고 응시하는 가운데 동전을 던졌다. 결과는 앞면이었다. 전투 결과도 압승이었다.

나중에 따르던 참모가 물었다. "어떻게 앞면이 나올 지 아셨습니까?"

장군은 침묵하더니 잠시 후 동전을 건네줬다. 살펴보니 동전의 양쪽이 모두 앞면이었다.

늘 이기는 비법은 먼 곳에 있지 않았다.

디테일을 잡아야 성공이 보인다

지은이   김상민

이 책의 편집과 교정은 장현지가, 디자인은 노영현이, 출력과 인쇄 및 제본은 꽃피는 청춘의 임형준이, 종이 선택과 공급은 대현지류의 이병로가 진행해 주셨습니다. 이 책의 성공적인 발행을 위해 애써주신 다른 모든 분들께도 감사드립니다. 틔움출판의 발행인은 장인형입니다.

초판 1쇄 인쇄 2013년 3월 5일
초판 1쇄 발행 2013년 3월 15일

펴낸 곳   틔움출판
출판등록   제313-2010-141호
주소   서울특별시 마포구 서교동 441-13 호원빌딩 4층
전화   02-6409-9585
팩스   0505-508-0248
홈페이지 www.tiumbooks.com   www.facebook.com/tiumbooks

ISBN 978-89-98171-03-2 03300

틔움은 책을 사랑하는 독자, 콘텐츠 창조자, 제작과 유통에 참여하고 있는 모든 파트너들과 함께 성장합니다.